마르투스 : 증인

마르투스 : 증인

김태훈 지음

규장

자, 일어나서, 발을 딛고 서라.

내가 네게 나타난 목적은, 너를 일꾼으로 삼아서,

네가 나를 본 것과 내가 장차 네게 보여줄 일의

증인이 되게 하려는 것이다.

나는 이 백성과 이방 사람들 가운데서 너를 건져내어,

이방 사람들에게로 보낸다.

이것은 그들의 눈을 열어주어서,

그들이 어둠에서 빛으로 돌아서고,

사탄의 세력에서 하나님께로 돌아오게 하며,

또 그들이 죄사함을 받아서 나에 대한 믿음으로

거룩하게 된 사람들 가운데 들게 하려는 것이다.

행 26:16-18

마르투스 (μάρτυς)

그리스(헬라)어로 '증인' 혹은 '목격자'라는 뜻이다. 이 단어는 누가복음 24장 48절과 사도행전 곳곳에서 예수님의 삶과 죽음, 부활 신앙을 고백하는 증인의 의미로 쓰였다(신약성경에 총 34회에 사용됨). 참되고 충성스러운 증인들은 자신의 생명을 대가로 지불하면서까지 보고 듣고 경험한 일을 증언하기에 '순교자'의 의미로도 사용되었다[영어 단어 'martyr'(순교자)의 유래이기도 하다]. 사도 바울은 스데반의 순교를 회상하는 증언 중에 증인이면서 순교자가 분명한 스데반을 이 단어로 규정했다(행 22:20). 요한계시록 2장 13절과 17장 6절의 경우, 이 단어를 '순교자'로 번역하는 것이 더 자연스러울 수 있다. 또한 예수님을 지칭하는 단어로도 사용되었는데(계 1:5, 3:14), 이는 그분이 하나님 아버지와 하나님 나라의 충성된 증인으로서 십자가에서 순교하신 최초의 순교자이기 때문이다.

주님이 뛰라고 하시면
높이나 방향을 몰라도 뛰겠습니다.
주님이 내려놓으라 하시면 바로 놓겠습니다.
주님이 가라 하시면 바로 출발하겠습니다.
주님이 함께하시면 어디든 갈 수 있습니다.

나는 그리스도 때문에
모든 것을 잃고자 합니다.
모든 것 대신 오직 그리스도를 얻고
그리스도 안에 있는 사람이고자 합니다.

명예와 부귀를 내려놓고, 사명의 땅으로 향한 하나님의 사람

김태훈 선교사님은 삶으로 설교하는 하나님의 사람입니다. 그는 의사로서 자신이 누릴 수 있었던 것들을 내려놓음에 거침이 없습니다. 육체의 질병도, 코로나19 팬데믹도 사명의 땅 에티오피아로 달려가려는 그의 열정을 막지 못했습니다. 헌신의 순간에, 가장 부담이 될 수 있는 아내와 자녀들이 오히려 선교의 동지가 되어 함께 달려갔습니다. 설교하는 만큼 살아내지 못하는 목사로서 엄청난 부끄러움을 느끼며, 선교사님의 이야기에 모두 귀 기울여 보시라고 말하고 싶습니다.   **한홍** | 새로운교회 담임 목사

탁월한 이성과 성령의 능력으로 무장한 예수님의 증인

김태훈 선교사님은 지성과 영성을 겸비한 보기 드문 하나님의 종입니다. 성경을 보는 예리한 통찰력과 성령의 은사와 능력으로 무장한 예수님의 증인입니다. 하나님이 주신 탁월한 이성을 적절하게 사용하면서도 성령님의 음성에 민감하게 반응할 줄 아는 겸손한 성경 교사입니다. 예수님을 얻기 위해 자신이 쌓아

온 모든 지식과 경험을 배설물로 여길 줄 아는 참 그리스도인입니다. 첫 책 《깨어진 그릇》을 통해 큰 은혜와 감동을 선물했던 선교사님이 두 번째 책을 통해 우리를 예수님의 증인의 삶으로 초대합니다. 이 책에서 그 생생한 삶의 현장을 간접적으로 경험하며 예수님의 증인으로 살고자 하는 열망이 가득 채워지리라 기대합니다.

벤자민 오 | 사랑과진리교회 담임 목사

하늘의 표정과 여유를 지닌 증인의 고백

증인의 삶이 가장 값진 것임을 아는 김태훈 선교사님의 마음이 책에 한가득 담겨있습니다. 하나님의 임재로 열리고 닫히는 하루하루 속에 새겨진 하나님의 손자국도 곳곳에 녹아있습니다. 그리고 스데반이 지녔던 '하늘의 표정과 여유'가 선교사님과 사모님에게서 느껴집니다. 생명의 복음을 전하기 위해 '예수님처럼 사역하고, 사랑하며, 고난당하고, 죽는 삶'을 소망하는 한국 교회 형제자매들에게 이 귀한 증인의 고백을 추천합니다.

조은아 | 고든콘웰신학대학원 선교학 부교수, 고든콘웰 인스티튜트 학장

눈물겹도록 아름다운 떠남의 여정

이 책에는 하나님을 사랑하는 한 사람이 선교지를 향해 '우리'라는 가족과 공동체의 몸을 이루어 나아가는 '함께'의 여정이 담겨 있습니다. 특히 코로나19를 통해 하나님이 재정비하신 새길을 '우리들의 사도행전' 여정에 깊이 있게 담아내며, 오늘날 홀로 외로이 신음하는 이들에게 도전과 격려와 위안을 줍니다. 책을 읽다 보면 어느새 나도 그 일행이 되어 함께 울고 웃으며 가슴이 다시 힘차게 박동하는 걸 느낍니다. 그의 삶에 녹아든 선교 이야기는 결국 나의 이야기이고, 우리의 이야기이며, 하나님이 써 내려가시는 이야기입니다.

조지훈 | 조이풀처치 담임 목사

삶, 사랑, 죽음의 가치를 재정렬시키는 한 마르투스의 고백

이 책의 모든 글은 휘페레테스(종)와 마르투스(증인)의 동의어이자 수식어이자 서술어입니다. 현대판 사도 바울의 자서전이고, 21세기 사도행전이며, 한 인생에 새겨진 하나님의 선명한 손자국입니다. 우리는 그 자취를 추격하며 끝내 그분을 발견합니다. 나는 책을 읽는 동안 종종 숨을 고르고 읽기를 멈춰야 했습니다. 가슴이 옥죄여 올 정도로 먹먹했기 때문입니다. 또한 선교사님의 고백을 천천히 음미하며, 이 가정이 투신한 그리스도를 위한 삶의 자취와 열망 속에 공명하시는 그리스도의 음성을 들을 수 있었습니다. 예수님처럼 살고 사랑하며 죽기를 원한다는 고백 앞에서는 하나님과 긴긴 대면의 시간을 가졌습니다. 실로 삶과 사랑과 죽음을 대하는 그리스도인의 가치와 태도를 재정렬시키는 고백이었습니다. 이 책을 읽는 동안 우리는 그리스도인의 삶에 대해 '머리로 알던 것이 가슴으로 떨어지는 순간'을 누릴 수 있습니다. 나아가 '그 가슴'이 손발을 움직여 이 땅에서 '하늘이 열리는 순간'을 맞이하게 할 것입니다. 선교사님이 영원한 것을 위해 영원하지 않은 것을 주저함 없이 내던지셨던 것처럼 이 책을 통해 수많은 독자가 영원을 향해 정진할 줄 믿습니다.

원유경 | 포드처치 담임 목사

차례

하나님의 선교,
하나님께서 쓰시는 '우리'

'선교'라는 뜻으로 쓰였던 라틴어 'Missio'의 원래 의미는 '보냄'(sending out)이다. 보낸다는 건 보내는 주체가 있다는 뜻을 내포하므로, 선교의 출발점은 '보내는 주체'와 '보내는 분의 의도'를 이해하는 것이 되어야 한다.

즉 선교의 주체이신 '하나님'을 선교에 대한 모든 논의와 고려의 출발점으로 삼는, 소위 '하나님의 선교'(Missio Dei)를 선교를 이해하는 중심에 놓는 것이다. 이때 처음부터 선교를 계획하고 주도하고 행하시는 하나님이 누구신지, 그분이 무엇을 의도하셨으며, 어떻게 성취하길 원하시는지 등을 아는 것이 중요하다.

우리가 믿는 삼위일체 하나님은 모두 '보내는' 사역을 하셨다. 아버지 하나님께서 아들 예수 그리스도를 세상에 보내셨고, 아버지 하나님과 아들 예수님이 성령 하나님을 제자들 안에 보내셔서 제자들과 함께 예수님의 증인(witness)이 되게 하셨다.

또한 예수님은 그분의 제자들을 세상에 보내시며 모든 민족을 제자로 삼고 그분이 명령한 모든 것을 가르쳐 지키게 하라고 하셨다. 그리고 성령 하나님은 신자들 안에 거하시며, 이 땅의 예수 그리스도의 몸인 교회 공동체를 땅끝까지 이르러 그분의 증인이 되도록 보내고 계신다.

다시 말해 '선교'는 특정 교회나 신자들이 주체가 되어 계획하고 실행하는 일이 아니라, 하나님 아버지께서 계획하고 주도하신 일이며 예수님이 순종하셨던 일에 동참하는 것이다. 그리고 우리 안에 함께하시는 성령님과 함께 일하는 것이다. 바로 '하나님의, 하나님에 의한, 하나님을 위한 일'에 우리를 초청해주신 게 선교다.

예수께서 대답하셨다.
"이 사람이 죄를 지은 것도 아니요,
그의 부모가 죄를 지은 것도 아니다.
하나님께서 하시는 일들을

그에게서 드러내시려는 것이다.

우리는 나를 보내신 분의 일을

낮 동안에 해야 한다.

아무도 일할 수 없는 밤이 곧 온다." 요 9:3,4

우리는 하나님을 떠나서는 아무것도 할 수 없는 존재다 (요 15:5). 그런데 하나님께서 마치 우리 없이는 아무 일도 하지 않기로 작정하신 것처럼 보일 때가 많다.

여기서 말하는 '우리'는 위 말씀에서 주님이 말씀하신 "우리"다. 나면서부터 소경으로 태어난 불행한 인생에게 예수님을 보내신 하나님 아버지의 일을 해야 하는 주체인 "우리"는 예수님 한 분이나 제자들만 가리키지 않고 예수님과 그분의 제자들을 '함께' 지칭하는 표현이다.

그런 의미에서 예수님의 영인 성령님과 동행하며, 하나님께서 하시는 일을 여러 깨어진 인생들 가운데 드러내는 '우리들의 사도행전'은 아직 한창 진행 중이다.

하나님은 첫 책 《깨어진 그릇》을 통해 나를 부르셨고, 주님 안에서 내가 깨어진 존재로서 그분의 능력을 드러내는 것을 기뻐하셨다. 그리고 또 다른 열망을 부어주셨다.

연약하고 흠 많은 '우리'를 그분의 증인으로 세워가시는 인생 여정을 나누라는 감동이었다.

나는 이 책에서 첫 책에 증언한 하나님의 역사와 이후의 삶 가운데 받은 묵상들을 사도행전 1장-14장에 나타난 하나님의 역사하심에 관한 묵상과 교차하며 기술했다. 우리 삶 속에 매 순간 능력으로 역사하시는 살아계신 하나님의 일하심에 대한 증언을 생생히 담아내고자 노력했다.

이 책은 내가 예수님과 동행한 순간들의 고백이자 증언이며, 모든 독자에게 건네는 진심 어린 초청이기도 하다. 우리의 인생길을 친히 인도하시는 주님과의 이 흥미진진하고 가슴 벅찬 여정에 함께하자고 말이다.

2023년 7월,
에티오피아로 돌아가는 길에서

우리들의
사도행전

1

성령님은 이미
우리 가운데 임재해 계십니다
감사함으로 손을 뻗어 받으면 됩니다

1994년 여름, 성령 세례

부어진 성령의 은혜

의대 예과 2학년이던 1994년 여름, 교회에서 성령 집회가 열렸다. 다들 강렬하고 뜨겁게 기도했다. 간절히 부르짖으며 하나님을 찾았다. 모두 성령 세례를 받고자 하는 열망으로 가득해 보였다.

바로 그때, 강사 목사님이 말씀하셨다.

"여러분, 열심히 기도하지 마세요. 그저 하나님께 받으면 됩니다. 여러분은 하나님의 자녀입니다. 자녀는 아버지께 선물을 받을 때 애원하거나 구걸하지 않습니다. 그저 두 손을 뻗고 '아버지, 감사해요' 하며 받으면 되는 겁니다."

사람들은 어리둥절했다. 부르짖는 기도에 익숙했기에 잠시 머뭇거리며 어찌할 바를 몰랐다. 하지만 이내 조용히 손을 뻗으며 신뢰함 가운데 잠잠히 하나님께 나아갔다. 나도 평안함 속에서 하나님 아버지께 손을 뻗고, 고백을 올려드렸다.

　"아버지 하나님, 성령님을 제게 보내주셔서 감사해요. 믿음으로 성령 하나님을 받습니다."

　잠시 후 내 혀가 이상하게 움직였다. 그때는 그것이 성령님이 주신 방언의 은사인지 몰랐다. 나는 그 외에 특별한 느낌 없이 집회를 마칠 때까지 있다가 집으로 돌아왔다.

　며칠 후 집에서 성경을 읽는데, 성경이 너무나 달콤하게 느껴졌다. 한참을 시간 가는 줄 모르고 읽다가 눈물이 흐르고 가슴이 벅차올랐다.

　그날 이후로 성경이 다르게 보이기 시작했다. 성경을 펼칠 때마다 감사와 기쁨, 말씀을 배우고자 하는 열망이 샘솟아서 참여할 수 있는 모든 모임에 들어가 성경 공부를 했다. 목사님의 설교나 성경 공부에서 배우는 말씀 한 구절 한 구절을 직접 찾아보고 모조리 마음에 새기고 싶었다.

그렇게 말씀을 묵상하고 마음에 담아가자 여러 구절의 말씀이 한꺼번에 떠올라 서로 연결되기도 하고, 비슷한 구절을 같이 찾아보면서 말씀이 풀어지는 신기한 경험이 이어졌다. 사람들과 모임을 할 때 은혜 받은 말씀을 나누었고, 기회가 닿을 때마다 하나님이 깨닫게 해주신 구절을 기쁨으로 이야기했다.

나중에서야 성령 집회 때 성령께서 내게 깊이 부어지시며 말씀을 깨닫는 은사와 나누는 은혜를 베풀어주셨다는 사실을 깨달았다.

성령 집회 이후로 나의 신앙생활은 크게 달라졌다. 나는 계속해서 열정적인 예배로 하나님께 나아갔고, 그것을 지켜보신 담당 목사님(지금도 삶의 큰 지침이 되어주시는 온누리교회 박종길 목사님)께서 내게 찬양 팀 섬길 것을 권유하셨다. 이후 나는 대학부를 떠나게 된 1999년까지 찬양 팀에서 성령님의 인도하심 가운데 드리는 진정한 예배를 배울 수 있었다. 크고 작은 모임에서 예배를 준비하고 인도하며, 하나님의 마음을 구하는 법을 배워나갔다. 정말 소중한 은혜의 시간이었다.

나는 의대생이었지만 일주일에 이틀 혹은 사흘(주로 수요일과 토요일과 주일)을 교회에서 보내며 여러 사역을 섬겼다. 방학마다 단기선교 모임에 빠짐없이 참여했고, 때마다 부어지는 하나님의 음성과 임재 가운데 푹 빠져 지냈다. 이런 은혜가 (첫 책《깨어진 그릇》에서 나누었듯이) 의대를 일 년간 휴학하며 인도와 영국에서 단기 훈련을 받는 시간으로 이어졌다.

　　한번 부어진 성령님의 은혜가 내 삶을 계속해서 인도해 가셨다. 한번의 성령 세례가 이천여 년 전 제자들의 삶을 송두리째 바꾸었듯이, 내 인생을 완전히 변화시키고 나를 더 큰 목마름과 갈망으로 나아가게 했다.

성취된 약속

: 오직 성령이 너희에게 임하시면(행 1:8)

위로부터 입혀지는 능력

예수께서 그들에게 말씀하셨다.

"내가 전에 너희와 함께 있을 때에

너희에게 말하기를,

모세의 율법과 예언서와 시편에

나를 두고 기록한 모든 일이

반드시 이루어져야 한다고 하였다."

그때에 예수께서는 성경을 깨닫게 하시려고,

그들의 마음을 열어주시고, 그들에게 말씀하셨다.

"이렇게 기록되어 있다.

곧 '그리스도는 고난을 겪으시고,

사흘째 되는 날에 죽은 사람들

가운데서 살아나실 것이며,

그의 이름으로 죄사함을 받게 하는 회개가

모든 민족에게 전파될 것이다' 하였다.

예루살렘에서부터 시작하여

너희는 이 일의 증인이다.

[보아라,] 나는 내 아버지께서

약속하신 것을 너희에게 보낸다.

그러므로 너희는

위로부터 오는 능력을 입을 때까지,

이 성에 머물러 있어라." 눅 24:44-49

죽음을 이기고 부활하신 예수께서 제자들에게 나타나
셨다. 그리고 손과 발을 보여주시고 물고기 한 토막을 그
앞에서 잡수셨다(눅 24:40-43). 이는 십자가에 달리셨던 흔
적들을 친히 보여주심으로써 그분의 고난과 죽음이 사실
이었다는 것과 제자들 앞에 나타나 보이신 모습이 유령이
아닌 육체를 가지고 부활하신 것임을 확인시켜주시기 위
해서였다. 그러고 나서 위 말씀을 제자들에게 하셨다.

전파할 내용은 예수께서 성경의 예언대로 죽으셨다가

부활하셨다는 역사적 사실과 그분의 이름으로 죄 용서를 받을 수 있다는 회개로의 촉구가 핵심이었다. 전파 대상은 모든 민족이며, 예수님을 믿고 그분과 동행했던 제자들이 바로 이 일의 증인이라고 하셨다.

그러면서 제자들에게 증인의 역할을 즉시 시작하지 말고 위로부터 오는 능력을 입을 때까지 기다리라고 당부하셨다. 그리고 그 능력은 하나님께서 약속하신 것이라고 하셨다. 이때 예수님이 말씀하신 "위로부터 오는 능력"은 과연 무엇이었을까?

불과 성령으로 세례를 베푸시는 분

세례 요한은 예수님에 앞서 유대 광야에서 하나님의 뜻을 전했던 당대의 선지자였다. 예수님은 여자가 낳은 자 중에 세례 요한보다 큰 자가 없다고 하실 정도로 그를 높이셨다(마 11:11).

그것은 아마도 세례 요한이 주님으로부터 받아 백성들과 나눴던 예수님에 대한 통찰력 있는 메시지 때문이었을 것이다. 그가 여인이 낳은 자 중에는 가장 큰 자이지만,

하나님나라에서는 아무리 작은 자라도 세례 요한보다 크다고 하신 것도 하나님나라에서는 모든 자가 세례 요한보다 주님을 더욱 잘 알기 때문이다. 그렇기에 사도 바울은 예수 그리스도를 아는 지식이 가장 고귀하다고 얘기했다(빌 3:8).

하나님으로부터 예수님에 대한 통찰을 얻은 세례 요한이 사람들에게 예수님을 누구라고 소개했는가? "세상 죄를 지고 가는 하나님의 어린 양"(요 1:29)이라고도 했지만, 그가 결정적으로 예수님을 소개한 내용은 다음과 같다.

나는 너희를 회개시키려고
물로 세례를 준다.
내 뒤에 오시는 분은
나보다 더 능력이 있는 분이시다.
나는 그의 신을
들고 다닐 자격조차 없다.
그는 너희에게 성령과 불로
세례를 주실 것이다. 마 3:11

세례 요한은 사람들에게 회개, 곧 삶의 가치관과 행동

을 바꾸어 하나님의 뜻을 실천할 것을 촉구했다. 그리고 결심하고 나아오는 자에게 물속에 완전히 잠기게 하는 물세례를 베풀었다.

'세례'(침례)란 어떤 매체에 의해 전 존재가 완전히 둘러싸이는 것 혹은 어떤 매체 안에 완전히 잠기는 것을 의미한다. 그러니 물세례는 물에 완전히 둘러싸이거나 잠기는 것이다. 그렇다면 성령 세례는 성령에 가득 잠기거나 완전히 둘러싸이는 것을 말한다고 볼 수 있다. 이 성령 세례를 베푸시는 분이 바로 예수님이시다.

예수님은 성령 세례를 일컬어 '위로부터 능력을 입는 일'이라고 하셨다. 제자들은 사명을 감당하기 위해 이 위로부터 오는 능력을 입어야 했다. 그것은 부활하고 승천하신 예수님이 하나님 아버지께로부터 받아 부어주시는 성령 세례였다.

요한복음에서 예수님은, 그분을 믿는 사람은 그 배에서 생수가 강물처럼 흘러나올 거라고 큰 소리로 말씀하셨다. 즉 우리 내면에서부터 바깥으로 생명을 전달하는 무언가가 계속해서 흘러나오게 된다는 것이고, 요한복음은 이를 '믿는 자들이 하나님께 받게 될 성령님'이라고 명시한다.

"나를 믿는 사람은, 성경이 말한 바와 같이,

그의 배에서 생수가 강물처럼 흘러나올 것이다."

이것은, 예수를 믿은 사람이 받게 될

성령을 가리켜서 하신 말씀이다.

예수께서 아직 영광을 받지 않으셨으므로,

성령이 아직 사람들에게 오시지 않았다. 요 7:38,39

우리를 향한 하나님의 뜻

오직 성령이 너희에게 임하시면

너희가 권능을 받고 예루살렘과 온 유대와

사마리아와 땅끝까지 이르러

내 증인이 되리라 하시니라 행 1:8 개역개정

이제 이 유명한 사도행전의 중심 구절을 살펴보려 한
다. 강조하고 싶은 것은, 이 구절이 명령이 아니라 주님의
약속 혹은 예언적 선포의 말씀이라는 점이다.

성령 세례를 받으면 하나님의 권능을 받게 되고, 그는
세상에 나아가 예수 그리스도의 증인이 된다. 이천여 년간

그 일이 계속 이어져 왔다. 사도행전 전체가 바로 그 내용이며, 오늘날 우리를 향한 하나님의 뜻과 기대 역시 다르지 않다.

하나님께서는 우리가 예수님의 이름을 힘입어 죄사함과 구원을 받길 원하신다. 그러나 거기서 머무르지 않고, 하나님께서 약속하셨고 예수님이 부어주시는 성령 세례를 받아 위로부터 입혀주시는 능력으로 세상을 두루 다니며 모든 민족에게 예수 그리스도의 증인이 되길 바라신다. 그것이 우리를 향한 하나님의 원대한 계획이다.

우리들의
사도행전

2

영아부를 함께했던 선생님들에게
이 장을 올려드립니다

공동체의 축복과 위력

예수님 전문 배우가 되다

오랜 고민 끝에, 선교지로 나갈 결심을 하고 대학병원을 사직했다. 아내와 나는 그동안 너무 바빠서 교회 공동체 생활을 못 했던 터라 선교지에 가기 전까지 교회 공동체를 섬기며 우리 가정에 부어주시는 하나님의 은혜를 맛보고 싶었다.

당시 막내가 만으로 두 살이어서 나는 막내가 속한 주일학교 영아부의 교사로 들어갔다. 온누리교회 영아부는 부모가 아이들을 데리고 함께 예배를 드렸는데, 생후 십팔 개월에서 만 네 살에 이르는 아이들이 예배의 주인공이라 예배 순서가 좀 독특했다.

먼저 성경 이야기를 구현한 가벼운 연극을 아이들에게 보여준 후 관련 메시지를 전도사님이 전하곤 했다. 나는 어찌어찌하다 연극 팀에 들어갔고, 처음에는 주로 단역을 맡다가 언제부턴가 '예수님 전문 배우'가 되었다.

아이들 앞에서 하는 연기에 불과했지만, 예수님이 하셨던 말과 행동을 전하는 일이었기에 몹시 부담스러웠다. 신기하게도 아이들은 연극이 시작되면 금세 몰입했다. 극 중 예수님이 고난을 당하거나 핍박을 받으실 때 덩달아 슬퍼했고, 예수님을 못살게 구는 자들에게 화를 냈으며, 예수님이 병든 자를 고치거나 기적을 행하실 때 함께 손뼉 치며 기뻐했다.

나는 종려 주일에 아이들의 환호를 받으며 예루살렘에 입성하시는 예수님을 연기했고, 예배 후 '예수님과 기념사진 촬영' 행사가 열려 수많은 아이와 사진을 찍기도 했다. 바쁜 나머지 주일예배조차 드리기 어려워 영적으로 많이 고갈되었던 대학병원 생활을 사직한 내게는 몸과 마음이 새로워지는 시간이었다.

우리는 모두 '예수님 전문 배우'다. 인생이라는 무대에서 '예수님이라면 어떻게 하셨을까?'를 늘 생각하며, 사람들에게 예수님이 행하셨을 것 같은 일을 행하고, 전하셨을 것 같은 말씀을 전하는 것이 그리스도인의 삶 아니던가. 지금도 그 시절을 생각하면 감사가 절로 나온다.

웃음과 행복의 공동체

교회 공동체의 많은 부서가 그렇지만, 내가 속한 영아부도 여자 선생님이 압도적으로 많았다. 여 선생님들의 남편 중 다수는 교회에 다니지 않았고, 교회에 나와도 영아부 예배가 끝날 때까지 뒤쪽에 앉아 아내를 기다리는 이들이 많았다. 축구 팀으로 비유하면, 경기를 뛰지 않고 대기만 하는 벤치 멤버가 즐비했다.

나는 문득 생각했다.

'어떻게 하면 저들을 경기에 참여시켜 주전 선수로 만들 수 있을까?'

이 고민을 소수의 남자 선생님들과 나누던 중에 같이 축구를 해보자는 얘기가 나왔다. 마침 그중 한 분이 체육 선생님이어서 축구를 가르쳐줄 수 있었다.

다만 다들 나이가 있고 기초체력도 부족하니 축구보다는 좁은 공간에서 하되 축구의 재미도 느낄 수 있는 풋살

(실내 축구의 한 형태로 작은 규격의 운동장에서 이루어짐)을 하기로 했다. 또 이왕 하는 김에 운동복도 맞추고 장비도 구입하고 본격적으로 해보자는 의견이 나왔다. 안성맞춤으로 교회 옆에 작은 풋살 구장이 있었다.

주일예배 후 남편들이 삼삼오오 모였고, 어린아이처럼 기뻐하며 풋살을 하기 시작했다. 나는 축구를 잘 못 했지만 적극적으로 참여했다. '대학병원 출신 의사'라고 하기엔 다소 허약한 체력과 그리 좋지 않은 운동 감각으로 인해 '허당미'를 뽐내며 사람들에게 즐거움을 주기도 했다.

우리는 풋살 팀 이름을 '레알 영아 FC'로 정했다(많은 경우 'FC'를 'Football Club'의 의미로 사용하는데, 우리는 'Father's Club'의 의미도 담았다). 어느 정도 팀워크가 생긴 후에는 아마추어 풋살 팀이 참가하는 대회에도 출전했다.

매주 운동을 마치고, 자녀들까지 포함해서 이삼십여 명의 영아부 식구들이 교회에서 멀지 않은 우리 집에 다 같이 모여 음식을 만들어 먹으며 교제하는 시간을 가졌다(크지 않은 아파트 구 층이었는데, 다행히 아래층에 귀가 어두운 어르신 한 분만 사셨기에 가능한 일이었다). 그러다가 축구도 할 겸 가족들과 함께 수련회를 기획해서 다녀오기도 했다.

울고 웃는 즐거운 시간 속에 공동체는 더욱 하나가 되었다. 축구를 통해 서로 친해지면서 자연스럽게 남편들이 교사 공동체에 많이 들어왔다. 교사의 수가 부흥해서 다른 부서보다 커지는 바람에 우리 부서 선생님들에게 다른 부서로 옮기도록 권하는 지경에 이르렀다.

아쉽게도, 얼마 후 우리 가정은 선교지로 나가면서 그 공동체를 떠났다. 하지만 많은 분이 소중한 중보기도자와 후원자가 되어주었고, 지금도 한국에 방문하면 선생님들과 만나 기도와 교제를 이어가고 있다.

하나님의 자녀들이 함께 모여 즐겁게 교제하고 서로 기도해주는 시간 동안 우리 가정은 공동체의 놀라운 사랑과 회복의 능력을 경험했다. 이 모든 걸 예비하시고 선교지로 보내신 하나님의 섭리를 찬양했다.

영아부 예수님 배역 시절, 종려 주일날

레알 영아 FC 시절

부어지신 성령님과 교회의 탄생

: 그들이 다 성령의 충만함을 받고(행 2:4)

모두가 보았으나, 전부 받은 건 아니었다

베드로가 대답하였다.

"회개하십시오. 그리고 여러분 각 사람은

예수 그리스도의 이름으로 세례를 받고,

죄 용서를 받으십시오.

그리하면 성령을 선물로 받을 것입니다.

이 약속은 여러분과 여러분의 자녀와

또 멀리 떨어져 있는 모든 사람,

곧 우리 주 하나님께서 부르시는

모든 사람에게 주신 것입니다." 행 2:38,39

마르투스 : 증인

앞서 말했듯이 성령 세례는 '하나님의 약속'이다. 그 약속은 세상 모든 사람을 위한 것이다. 아무리 멀리 떨어져 있는 사람이라 할지라도 하나님께서는 동일하게 부르신다. 그러기 위해 증인들에게 땅끝까지 이르러 증인의 역할을 감당하라고 하셨다.

한편 사도행전 2장을 자세히 살펴보면, 그 자리에 있었던 모든 사람이 예외 없이 성령 세례를 받았음을 알 수 있다. 각 사람의 머리 위에 불길이 솟아오를 때 혓바닥처럼 갈라지는 것 같은 혀의 형상이 내려앉았으며, 그들은 모두 성령으로 충만하게 되었다고 말씀한다(행 2:3,4).

하지만 사도행전 1장에 의하면 마가의 다락방에 모인 무리의 수가 약 백이십 명이었다고 하는데, 바울은 고린도전서 15장에서 주님이 일시에 오백여 형제들이 모인 자리에서 부활한 자신을 나타내셨다고 기록한다.

즉 부활을 목격한 증인은 오백 명이 넘었지만, 마가의 다락방에는 백이십여 형제들만 모였고, 그들이 주님의 약속을 의지하여 기도에 전념했을 때, 한 명도 빠짐없이 성령 세례를 경험한 것이다.

죽음에서 부활하신 주님을 똑똑히 보았지만, 마가의 다

락방에 함께하지 않은 이들이 훨씬 더 많았다는 이야기다. 주님의 약속을 믿고 그 자리에 모여 흩어지지 않고 기도했던 자들에게는 한 명도 빠짐없이 성령께서 임하셨지만, 그들이 예수님의 부활을 목도한 자의 전부가 아니었음을 알 수 있다.

우리도 살면서 때때로 하나님의 은혜와 그분의 살아계심을 나타내는 증거들을 경험한다. 그러나 하나님의 약속과 명령을 따라 순종하고 삶을 드려야만 성령께서 주시는 더 깊은 은혜의 자리로 나아갈 수 있다.

교회 공동체의 탄생: 우리는 어떻게 하고 있는가?

그들은 **사도들의 가르침**에 몰두하며,

서로 사귀는 일과 **빵을 떼는 일**과 **기도**에 힘썼다.

모든 사람에게 두려운 마음이 생겼다.

사도들을 통하여 놀라운 일과

표징이 많이 일어났던 것이다.

믿는 사람은 모두 함께 지내며,

모든 것을 공동으로 소유하였다.

마르투스 : 증인

그들은 재산과 소유물을 팔아서,

모든 사람에게 필요한 대로 나누어주었다.

그리고 날마다 한마음으로 성전에 열심히 모이고,

집집이 돌아가면서 빵을 떼며, 순전한 마음으로

기쁘게 음식을 먹고, 하나님을 찬양하였다.

그래서 그들은 모든 사람에게서 호감을 샀다.

주님께서는 구원받는 사람을 날마다 더하여주셨다. 행 2:42-47

예수님은 열두 제자를 키우는 데 삶을 드리셨지만, 성령께서 이 땅에 부어지신 후에 바로 교회 공동체가 탄생했다. 모든 민족을 선교하기 위한 하나님의 계획은 처음부터 '교회'가 답이었다.

선교는 열두 명으로는 역부족이다. 장기적인 계획과 지속적인 후원, 그리고 강력한 중보기도가 필요하다. 이 일은 소수의 엘리트 크리스천에게만 맡겨진 사명이 아니다. 그리스도의 몸을 이루는 공동체의 중보와 후원과 격려와 사랑이 한데 어우러져야 가능한 일이다. 아프리카 속담처럼 멀리 가려면 함께 가야 하는 것이다.

우리는 사도행전 2장 말씀에서 초대 교회에 임하셨던 하나님의 역사를 통해 '교회의 건강한 모델'을 배울 수 있다. 나는 하나님의 은혜를 받은 후에 사도행전 2장을 자주 묵상하면서 지금 이 땅의 교회들과는 사뭇 다르다고 느꼈다.

초대 교회의 모습을 보며 건강한 교회 공동체가 갖는 중요한 요소를 정리하면 다음과 같다.

1. 사도의 가르침

교회는 하나님의 뜻으로만 세워진다. 세상의 비전과 목적으로는 세울 수 없다. 교회는 예수님이 머리 되시는 그분의 몸 된 공동체로서(엡 1:22,23) 예수님의 뜻과 의도를 알고 따라야 한다. 교회가 말씀 앞에 서야만 하는 이유가 여기 있다.

2. 서로 사귀는 일

공동체를 통해 기쁨은 배가되고 슬픔은 반이 된다. 서로의 아픔과 연약함을 포용하며 사랑하고 사랑받는 법을 배우고 함께 성장할 수 있다.

또 믿음 안에서 서로 격려하고 도전 받으며 자신에게 없는 지식과 은사를 통해 인생이 넓어지고 깊어지는 경험을 할 수 있다. 혼자서는 이룰 수 없는 원대한 꿈을 공동체가 함께 이뤄가는 기쁨을 누리는 것이다.

이것이 우리가 반드시 함께 가야만 하는 이유다. 무엇보다 '사랑'은 혼자서 할 수 없기에 사랑의 하나님을 믿는 그리스도인에게 공동체성은 필수 요소다.

3. 떡을 떼는 일

함께 울고 웃는 교제만으로는 충분치 않다. 하나님께서 공동체 안에 함께하셔서 하늘의 기쁨과 위로가 임하면 사람의 교제 그 이상의 것을 맛보게 된다.

함께 떡을 뗀다는 건 함께 식사한다는 의미를 넘어 주님이 가르쳐주신 '성찬 의식'을 의미한다고 볼 수 있다. 그리스도인의 공동체에는 사귐과 교제가 있어야 하지만, 그리스도 안에서 그리스도의 임재 가운데 이루어져야 한다.

예수님은 두 가지 예식을 행하라고 가르치셨다. 바로 '세례'와 '성찬'이다. 먼저는 예수 그리스도를 새롭게 영접해서 자신의 신앙을 공표하며 아버지와 아들과 성령의 이름으로 '세례'를 받는 일이 계속 일어나야 한다고 하셨다. 다음으로, 예수께서 주신 살과 피를 함께 먹고 마시는 '성찬' 예식을 통해 자신이 그리스도의 생명과 언약 안에 속했음과 주님이 다시 오실 때까지 그분의 이름을 증거하는 일을 감당해야 한다는 사실을 계속 기억하고 경험하라고 하신 것이다.

4. 기도와 예배

특히나 신자들의 공동체에서 기도와 예배는 생명력의 근원이다. 하나님의 음성을 들으며 마음에 새기고, 하나님의 임재 안에서 기도하며 그분이 주시는 능력으로 재충전 받고, 하나님을 올바른 자리로 올려드리며 그분의 보좌를 굳게 세우는 예배와 찬양은 공동체를 넘치는 생명력으로 살아있게 만드는 필수 요소다.

이런 훈련으로 다져진 공동체적 영성의 중요성은 아무리 강조해도 모자라지 않다. 하나님을 떠나서는 아무것도 할 수 없으며 우리의 모든 영향력은 그분과의 견고한 관계에서 비롯되기 때문이다.

우리들의
사도행전

3

주님, 제가 아프리카로 갑니다
주님께로 갑니다

아프리카로 가다

가장 값진 결단

나는 외과 의사였다. 간 이식 수술 분야를 전공했고, 두 번째 세부 전공으로 소아외과 분야를 수련받았다. 예나 지금이나, 두 분야 모두 전공 희망자가 그리 많지 않아서 이런 조합으로 세부 전공하는 일은 매우 드물었다.

보통 한 분야를 세부 전공으로 수련받는 데 이 년이 걸리기에 두 분야를 세부 전공하려면 사 년가량 소요되었다. 단 세부 전공을 밟으려면 의과 대학 육 년 과정을 졸업하고, 인턴 과정 일 년과 '레지던트 과정'이라 불리는 전문의 수련 과정 사 년을 마쳐야 했다. 의사의 경우, 남자는 삼 년 삼 개월의 군 복무 기간까지 더해지므로, 두 분야의 세부 전공까지 마치는 데 장장 십팔 년이 걸렸다.

　군 복무를 한국국제협력단(KOICA)의 국제협력의사로 방글라데시에 다녀온 후, 사 년에 걸친 두 분야의 세부 전공 수련을 마칠 즈음이었다.

　간 이식과 소아외과 세부 전공 과정은 인턴, 레지던트 과정 못지않게 시간적으로나 정신적으로 힘거웠다. 특히 환자들이 몰리는 큰 대학병원에서 수련을 받다 보니 주일을 지키기 어려울 때도 많았다.

　대학 시절, 하나님을 알고자 그렇게 노력했고, 일 년간 휴학하며 하나님께 헌신했고, 방글라데시에 군 복무 대체 봉사도 다녀온 나였지만, 과중 업무와 공동체 없는 신앙 생활이 지속되자 내 영혼은 빠르게 메말라 갔다.

　이 지난한 학업 및 수련 과정이 끝나갈 무렵, 여러 대학병원에서 교수직을 제안받았다. 그러나 나는 아내에게 그동안의 경력을 내려놓고 선교지에 나가고 싶다고 말했다.

　대학 시절부터 내 가슴에는 '하나님의 선교'에 동참하고픈 꿈이 늘 있었다. 이런 마음을 나누면, 주위에서는 대부분 "좀 더 경력을 쌓고 교수가 되어 경험과 실력을 갖춘 후에 가도 늦지 않다", "나중에 얼마든지 헌신할 수 있다"라고 권면했다. 하지만 꿈을 저만치에 미뤄두고 눈앞의 경력을 쌓는 데 몰두하라는 얘기가 와닿지 않았다. 지금 내 삶을 바꾸지 않으면 나중에는 더 어려울 것 같았다.

내가 현실을 도피하는 건가 싶기도 했다. 하지만 '무얼 할 때 훨씬 행복한가'를 생각해보면 답은 분명했다. 무엇보다 이제까지 나를 인도하신 하나님을 믿기에 결단할 수 있었다.

나는 교수직을 제안해주신 분들에게 정중히 말씀드렸다.

"교수님, 저 다른 곳으로 가기로 했습니다."

"그래? 어느 병원에 가기로 했는데?"

"아프리카로 가기로 했습니다."

"…."

의외의 대답에 할 말을 잃는 분도 있었고, 내가 기독교인임을 아셨던 분들은 만류하거나 회유하기도 했다.

세상적으로는 너무도 탐나는 제안들이었지만, 이를 뒤로하고 선교지행을 결정했을 때 참으로 감사한 마음이 들었다. 선교가 이만큼 가치 있다는 선포가 내 삶에서 이루어진 것 같았기 때문이다. 할 일이 없거나 갈 곳이 없어서 선교지를 택한 게 아니었다. 선교지는 내가 할 수 있고, 갈

수 있는 어떤 자리보다 값졌다. 세상의 모든 보화보다 귀하고 내 가슴을 가장 뛰게 하는 길이었다. 그랬기에 과감히 선택할 수 있었고, 그 결단을 당당하게 말할 수 있었다.

나는 작은 고백을 올려드렸다. 내 선택을 기뻐하시는 그분께.

"네, 주님. 제가 아프리카로 갑니다."

삶과 능력으로 말하는 증인 공동체

: 우리를 보라(행 3:4)

우리를 보라, 예수를 경험하라

베드로가 요한과 더불어

그를 눈여겨보고, 그에게 말하였다.

"우리를 보시오!"

그 못 걷는 사람은 무엇을 얻으려니 하고,

두 사람을 빤히 쳐다보았다. 베드로가 말하기를

"은과 금은 내게 없으나,

내게 있는 것을 그대에게 주니,

나사렛 예수 그리스도의 이름으로

[일어나] 걸으시오" 하고,

그의 오른손을 잡아 일으켰다.

그는 즉시 다리와 발목에 힘을 얻어서,

벌떡 일어나서 걸었다.

그는 걷기도 하고, 뛰기도 하며,

하나님을 찬양하면서,

그들과 함께 성전으로 들어갔다. 행 3:4-8

베드로와 요한에게는 구걸하는 앉은뱅이에게 줄 만한 은과 금이 없었다. 그러나 '예수 이름의 능력'이 있었다.

두 사람은 예수님과 삼 년을 함께 다녔으며, 죽음에서 부활하신 예수님을 직접 목도했고, 예수님이 부어주신 성령님을 충만하게 받았다. 그래서 베드로가 예수님으로 충만한 자신들을 보라고 이렇게 외친 것이었다.

"우리를 보시오!"

그 순간, 성령께서 그에게 확신을 주셨으리라. 하나님의 영이 그들에게 역사하셨으리라. 그들의 믿음과 순종을 통해, 그들이 선포한 예수 그리스도 이름의 권세로 인해 나면서부터 앉은뱅이였던 자가 벌떡 일어나 걷기 시작했다.

그런데 바로 이 예수의 이름이,

여러분이 지금 보고 있고 잘 알고 있는

이 사람을 낫게 하였으니, 이것은 그의 이름을

믿는 믿음을 힘입어서 된 것입니다.

예수로 말미암은 그 믿음이

이 사람을 여러분 앞에서

이렇게 완전히 성하게 한 것입니다. 행 3:16

베드로와 요한은 자신 있게 말했다. 예수님으로 충만한 자신들을 보고, 자신들 안에 충만하신 예수님을 경험하라고 말이다. 나는 세상이 우리 그리스도인을 보고 예수님이 어떤 분이신지 알고 경험하길 원한다. 마치 예수님이 "나를 본 사람은 아버지를 보았다"(요 14:9) 말씀하시며 하늘의 능력과 사랑을 보여주신 것처럼.

어찌하여 우리를 바라봅니까?

기적이 일어났다. 날 때부터 걷지 못하던 자를 베드로가 잡아 일으켰더니 걷고 뛰게 되는 치유가 일어난 것이다. 당연히 사람들은 베드로와 요한을 주목했다. 그러자 베드로는 다음과 같이 선포했다.

베드로가 그 사람들을 보고, 그들에게 말하였다.

"이스라엘 동포 여러분,

어찌하여 이 일을 이상하게 여깁니까?

또 어찌하여 여러분은,

우리가 우리의 능력이나 경건으로

이 사람을 걷게 하기나 한 것처럼,

우리를 바라봅니까?

아브라함의 하나님과 이삭의 [하나님]과

야곱의 [하나님] 곧 우리 조상의 하나님께서

자기의 종 예수를 영광스럽게 하셨습니다.

여러분은 일찍이 그를 넘겨주었고,

빌라도가 놓아주기로 작정하였을 때에도,

여러분은 빌라도 앞에서 그것을 거부하였습니다. 행 3:12,13

　베드로는 자신의 능력이나 경건으로 일어난 일이 아니라고 딱 잘라 말했다. 이처럼 우리는 하나님의 역사가 나타나는 현장에서 모든 영광을 예수님에게만 올려 드려야 한다.

　때때로 어떤 사람은 자신을 보지 말고 예수님의 말씀과 가르침을 듣고 그분을 믿으라고 하면서, 하나님의 능력과 임재가 드러나는 자리에서는 자신이 주목받기를 바란다 (마치 자신의 경건의 능력으로 일어난 일인 것처럼). 그러나 사도들은 정반대였다.

내 소원 역시 삶으로 예수님의 능력을 나타내어 나를 본 자들이 예수님에게 나아가게끔 하는 것이다. 나의 삶과 사역에 하나님의 축복과 역사가 임해서 모든 영광과 존귀를 예수 그리스도께만 올려 드리길 원한다.

우리들의
사도행전

4

깨지고 비워져라
그러면 생수를 나르리라

우울한 안식, 그리운 에티오피아

미국에서의 안식년

2019년 여름, 에티오피아에서 육 년을 지낸 우리 가정은 하나님의 인도하심을 따라 풀러신학대학원이 있는 미국 로스앤젤레스 근교 패서디나에서 안식년을 가졌다.

애초에 나는 자비량 선교사로 나갔지만, 오 년간 한국국제보건의료재단 에티오피아 해외사무소장 자리에 있다가 2018년에 사직했다. 지금 생각해보면, 내가 온전히 복음 사역에 전력하는 선교사가 되길 원하시는 주님의 마음이 부어졌던 것 같다.

그 후 예상과는 달리 직장이 구해지지 않았는데, 그즈음부터 하나님께서 이름도 얼굴도 모르는 후원자들을 연결시켜주시기 시작했다. 그렇게 우리 가정은 재정적으로 아무 대책 없이 하나님의 약속만을 의지하며 에티오피아를 떠나 미국 캘리포니아 남부에 정착했다.

나는 미국에 머무는 동안 선교학으로 유명한 풀러신학대학원에서 선교학 석사 과정을 공부했다. 따뜻하고 화창한 캘리포니아 날씨 속에 한 시간 남짓을 달리면 광활한 해안가가 펼쳐졌다. 너무도 과분한 안식년이었다.

미국에서 지내다 보니 살이 오르고 몸도 좋아지는 듯했다. 그러나 마음이 편치 않았다. 아내는 내게 나사가 풀린 느낌이 든다고 했고, 나 자신도 신나고 즐거운 일이 없는 우울한 시간을 보내고 있음을 감지했다.

캘리포니아에 있었기에 더 그랬는지도 모르지만, 사람들은 대체로 편안하고 여유로워 보였다(그렇다고 더 행복해 보이는 건 아니었다). 갈수록 안락함과 편의만을 추구하는 사람들의 모습이 눈에 띄었고, 버려지는 음식물 쓰레기가 눈에 밟혔다.

'하나님, 이 땅에서의 삶이 전부라면, 세상은 너무나 불공평합니다. 도대체 미국에 사는 사람이 에티오피아에 사는 사람보다 무얼 더 잘한 건가요? 아프리카에 사는 사람

들은 대체 뭘 잘못했단 말입니까?'

그즈음 하나님께서 보여주신 시편 말씀이 있었다.

주님, 이 세상에서 받을 몫을

다 받고 사는 자들에게서 나를 구해주십시오.,

주님께서 몸소 구해주십시오.

그들은 주님께서 쌓아두신 재물로

자신들의 배를 채우고 남은 것을

자녀에게 물려주고 그래도 남아서

자식의 자식들에게까지 물려줍니다.

나는 떳떳하게 주님의 얼굴을 뵙겠습니다.

깨어나서 주님의 모습 뵈올 때에

주님과 함께 있는 것만으로도

내게 기쁨이 넘칠 것입니다. 시 17:14,15

As for me,

I shall behold your face

in righteousness;

when I awake, I shall be satisfied

with your likeness. 시 17:15 ESV

시편 기자는 이 세상에서 누릴 것을 다 누리는 사람들에게서 자신이 구원받기를 기도한다. 그에게는 세상의 안락과 쾌락이 덧없게 여겨진 것이다.

15절의 "깨어나서 주님의 모습 뵈올 때에"라는 구절은 성경에서 주로 잠드는 것으로 표현되는 성도들의 죽음 이후에 부활하는 순간을 상징적으로 묘사한 것으로 보인다. 시편 기자는 그 영광스러운 부활의 날에 죽음에서 일어나 주님을 뵐 때, 주님과 함께 있는 것 혹은 자신이 주님의 형상을 닮은 것만으로 기쁨을 누릴 거라고 당당하게 고백한다.

그렇다. 이 세상을 사는 우리에게 가장 큰 목표는 주님을 닮아가는 것이다. 그래서 부활의 순간에 주님을 뵐 때, 그분을 쏙 빼닮은 내가 주님과 함께 있는 자로 발견될 수 있다면 더 바랄 게 없을 것이다.

젊은 날에 읽었던, 짐 엘리엇 선교사의 삶을 그의 아내 엘리자베스 엘리엇 여사가 기록한 책 《전능자의 그늘》에 등장하는 그 유명한 문장처럼 말이다.

"영원한 것을 위해 영원하지 않은 것을 버리는 자는 결코 바보가 아니다."

최고의 생일 선물

에티오피아를 떠난 지 수개월 후에, 한국국제협력단에서 에티오피아 공적원조 사업을 전반적으로 평가하는 전문가 팀이 꾸려졌다. 그중 나는 보건의료 전문가로서 에티오피아에 잠시 출장을 다녀올 수 있었다. 오랜만에 생기가 돌며 설렘과 기대로 에티오피아 땅을 밟았다. 미국에 돌아와서도 한동안 그때 받은 에너지로 살아갔다.

얼마 후 아내(김희연 선교사)의 생일이 다가왔다. 아내가 무엇을 가장 기뻐할까 생각하다가 한 가지 좋은 아이디어가 떠올랐다.

"자기야, 생일 선물로 에티오피아 왕복 항공권을 사줄 테니까 일주일 정도 에티오피아에 가서 사람들을 만나고 오면 어때?"

아내는 너무나 기뻐했다. 지인들은 이 얘기를 듣고 믿기 어렵다는 표정이었다. 안식년을 나온 지 얼마 되지도 않았는데, 그 가난하고 열악한 에티오피아에 다녀오는 게 어떻게 생일 선물이냐며 의아해했다.

그러나 그들은 모른다. 우리 부부에게 그 땅이 얼마나 특별한 곳인지. 그곳은 우리의 분깃 되시는 주님께서 우리에게 자로 재어주신 땅이었기 때문이다.

아, 주님, 주님이야말로

내가 받을 유산의 몫입니다.

주님께서는 나에게 필요한

모든 복을 내려주십니다.

나의 미래는 주님이 책임지십니다.

줄로 재어서 나에게 주신

그 땅은 기름진 곳입니다.

참으로 나는,

빛나는 유산을 물려받았습니다. 시 16:5,6

안식년으로 미국에 온 지 반년이 채 되지 않아 심상치 않은 소식이 들려왔다. 코로나바이러스감염증-19가 전 세계로 확산하면서, 세계보건기구(WHO)에서 팬데믹을 선언한 거였다. 그로 인해 안식년 이후 우리의 행보도 갈수록 미궁으로 빠져들었다.

아내와 세 아들, 미국 그랜드 캐니언, 2020년 7월 21일

안식년 기간

에티오피아에 다녀오다 _김희연 선교사

생명수를 나르는 표주박

미국에서 안식과 회복의 시간을 기대했던 것과는 달리 남편은 더 우울해했다. 동력을 잃은 사람처럼 축 처져있는 날들이 이어졌다.

그러던 중 남편에게 에티오피아의 보건 사업 컨설턴트로 출장 요청이 들어왔다. 몇 달 만에 얼굴에 생기가 도는 남편을 보며, 감사하기도 하고 부럽기도 했다. 나 역시 그 땅을 그리워하고 있었기 때문이다.

물론 에티오피아에서의 삶이 신나고 감사하기도 했지만, 힘들지 않은 건 아니었다. 한국이라면 전혀 신경 쓰지 않을 일을 신경 써야 하는 것이 그 땅의 삶이었다.

동료 선교사들과의 하루 문안은 빨래의 성 삼위일체(물, 전기, 해)가 오늘은 있는지, 그중 하나가 외출을 하셨는지 등의 농담 같은 진담으로 시작했고, 누구네 집 숟가락이 몇 개인지를 아는 것보다 누구네는 물이 언제 나오는지를, 전기는 안녕하신지를 아는 게 가까운 이웃의 척도가 되었다.

그렇게 육 년을 살다가 미국으로 안식년을 갔다. 모든 게 편리하고 마트에 가면 없는 게 없는, 그야말로 풍족한 환경에서 기뻐야 정상인데 그러질 못했다. 몸은 편했지만 마음은 초점을 잃은 것처럼 불편했다. '나는 누구고, 지금 어디서 무얼 하고 있는가?'라는 질문을 떨칠 수가 없었다.

게다가 에티오피아로 돌아간다는 보장이 없었기에 더욱 힘들었다. 나는 반드시 돌아갈 거라고 지인들에게 선포하듯 말했지만, 주님이 보내주셔야 갈 수 있었다. 생각해보면, 미국에서의 시간은 에티오피아의 삶의 소중함을 깨닫고 나 자신을 돌아보라고 허락된 시간이 아니었을까 싶다.

에티오피아로 출장을 다녀온 남편이 한껏 즐거워하는 모습을 보면서 내심 부러웠다. 그러다 내 생일이 다가올

즈음, 남편이 내게도 다녀오고 싶은지를 물었다. 나는 뾰로통하게 대답했다.

"당연한 거 아니야?"

그러자 남편이 방에 들어가 폭풍 검색을 하더니 얼마 후 내게 다가와 "생일 선물이야"라면서 에티오피아 항공권을 내밀었다. 나는 뛸 듯이 기뻤다. 남편에게 받은 생일 선물 중 단연 최고였다. 물론 남들은 의아해했다. 왜 생일 선물로 멋지고 편한 곳을 가지 않고 굳이 에티오피아로 가냐고.

결혼 후 가정을 꾸리고 아이들이 생긴 뒤로 혼자 여행한 게 이때가 처음이었다. 짧은 기간이었지만 몸이 편치 않은 남편과 세 아이를 두고 가는 게 걱정도 되었다. 하지만 남편은 나를 정말 잘 알았다. 미국에서 몸은 편했지만 마음이 지치고 허했던 내게 혼자만의 시간, 그것도 간절히 돌아가고픈 에티오피아에 가서 기도하며 마음을 정비하고 사람들을 만나는 시간이 절실했다는 것을. 평생 받아본 것 중에 가장 소중하고 행복한 선물이었다.

비행기 안에서 많은 생각을 했다. 설렘과 두려움이 공존했다.

'나를 쓰실 주님의 계획이 아직 그 땅에 남아있을까? 내가 그리워하던 친구들도 나를 반겨줄까? 에티오피아에서 나의 다음 걸음에 대해 주님이 말씀해주실까? 남은 삶을 어떻게 사용해야 훗날 주님 앞에 섰을 때 칭찬받을 수 있을까?'

짧지 않은 비행시간 내내 이런 질문들을 하다가 결국 내 본심을 뜯어보게 되었다. 솔직히 말하면, 하나님의 뜻과 무관하게 '내가' 에티오피아로 돌아가고 싶었다. 그 마음 안에는 나에게 익숙하고, 남들에게 어느 정도 인정받을 수 있는 자리를 떠나고 싶지 않은 마음이 있었다. 또한, 만일 사역지를 옮긴다면 새로운 곳에 집을 구하고, 살림을 정리하고, 현지 문화에 적응하고, 공동체를 처음부터 다시 알아가고, 아이들을 학교에 적응시키는 과정들이 너무 버거울 것 같았다.

내 속마음과 마주하고 에티오피아 땅을 밟았다. 나를 반겨줄 친구들과 익숙한 풍경을 기대했지만, 현실은 달랐다. 몇몇 친했던 친구와 지인 외에 내가 섬겼던 학교는 친구들이 많이 떠나고 낯선 얼굴이 대부분이었다. 나 혼자 반가운 기색이었고, 약간은 썰렁하기까지 했다.

그때 주님이 내 마음에 물으셨다.

'너는 무엇을 찾아 이곳에 온 거니?'

멍했다. 머리를 한 대 맞은 듯했다. 에티오피아에서 보낸 지난 육 년을 돌아보았다. 사역 1기였던 안식년 전까지, 내 삶의 키워드는 '해외 이사, 살림 마련, 나와 아이들의 학교 적응, 교사 생활, 남편의 질병'이었고, 그래서 자리 잡은 또 다른 삶의 패턴은 '열심과 분주함'이었다.

교제권은 내가 일하는 학교 동료와 학부모들이 대부분이었고, 그 울타리 밖을 나가지 않았다. 사실 안식년을 갖고 싶은 생각도 없었고, 미국에 가서도 사역 2기를 기도로 준비하지 않은 채 익숙한 에티오피아로 돌아가고만 싶었다.

한때 남편이 주님 앞에서 자신이 '깨어진 그릇' 같다는 마음을 받았을 즈음, 실은 나도 많이 지쳐있었다. 공허했다. 열심히 살았지만, 눈에 보이는 열매가 하나도 없는 것 같아 스스로에게 실망해서 주님께 기도했었다.

'주님, 저도 잔칫상에 쓰이는 포도주가 되고 싶어요. 풍성한 포도송이를 제 삶에 맺고 싶어요. 저를 그렇게 사용해주세요. 주님께 꼭 붙어 많은 열매를 맺고 싶어요. 도와주세요.'

그 응답으로 주님이 보여주신 환상은 포도가 아니라 표주박이었다. 나는 한참을 따졌다.

'주님, 이건 열매가 아니잖아요. 저는 예수님 가지에 붙어 포도를 많이 맺고 싶다고요!'

그러자 눈앞에 보인 표주박이 반으로 갈라지더니, 그 안에 있던 것들이 다 쏟아지듯 버려지고, 이내 바짝 마른 반쪽짜리 볼품없는 모양이 되었다. 주님이 말씀하셨다.

'내가 네게 주는 생명수를 네게 허락하는 사람들에게 떠다 날라주길 바란단다.'

탐스러운 포도송이가 주렁주렁 열리는 삶을 기대했던 내게 주님은 깨지고 말라비틀어져 볼품없는 표주박 껍데기가 되라고 하셨다. 당시 나는 내 이상과는 전혀 다른 걸 보여주셔서 약간 서운했다.

그런데 에티오피아에 혼자 방문하면서 그 환상이 선명하게 떠올랐다. 그리고 주님의 말씀이 머리에서 가슴으로 쿵 떨어졌다. 모든 게 이해되기 시작했고, 더 이상의 설명이 필요치 않았다. 비록 주님 앞에서 깨어지고, 내 안에 있는 것들을 다 쏟아버리고, 바짝 말라 볼품없는 표주박이 된다 해도 하나님의 생명수를 나르는 그릇으로 쓰임 받는

다면 이 얼마나 엄청나고 귀한 일인가!

나는 두렵고 떨리는 마음으로 잠잠히 고백했다.

'주님, 에티오피아가 아니어도 괜찮습니다. 어디로 가든 이제 상관없습니다. 주님이 보내시는 그곳에서 생명수를 나르는 사명을 감당하게 하소서!'

하나님 앞에 바짝 엎드려 낮아진 종의 모습으로, 그러나 주님과 함께면 어디든지 괜찮은 진정한 자유인의 모습으로 집으로 돌아가는 비행기를 탔다.

막을 수 없는 증인들

: 보고 들은 것을 말하지 아니할 수 없다(행 4:20)

증인은 보고 들은 것이 있어야 한다

그들은 베드로와 요한이 본래 배운 것이 없는

보잘것없는 사람인 줄 알았는데,

이렇게 담대하게 말하는 것을 보고 놀랐다.

그리고 그들은 그 두 사람이

예수와 함께 다녔다는 사실을 알았지만,

병 고침을 받은 사람이

그들 곁에 서있는 것을 보고는,

아무 트집도 잡을 수 없었다. 행 4:13,14

하나님나라 증인의 성패는 학벌이나 재력 혹은 개인의

마르투스 : 증인

능력과 무관하다. 오직 예수님과의 동행 여부가 모든 것을 결정한다.

예수님이 승천하신 후에는 그분이 우리 가운데 보내주신 성령님과의 동행과 동역이 오늘날 예수님의 증인이 된 우리에게 동일하게 중요한 의미를 지닌다.

증인에게 다른 덕목은 중요치 않다. 본 것과 들은 것이 있어야 한다. 제아무리 똑똑하고 능력이 많은 사람도 본 것과 들은 것이 없이는 증인이 될 수 없다.

우리는 예수 그리스도와 그분의 나라를 경험해야만 증인이 될 수 있다. 성령 하나님과 동행하고 동역하며 하나님나라를 맛보지 않고는 결코 그분의 증인이 될 수 없다.

사도행전 3장의 베드로와 요한에게는 강력한 '증인'이 있었다. 나면서부터 앉은뱅이였는데 베드로와 요한을 만나 예수님의 이름으로 걷게 된 자가 두 사도의 바로 옆에 서있었기에 유대 지도자와 장로들은 아무 트집도 잡을 수 없었다.

이것이 바로 증인의 강력한 능력이다. 우리 가운데 하나님의 권능의 역사로 치유 받고 구원을 얻고 회복된 사람들이 많이 일어나야 하는 이유이기도 하다.

그런 다음에, 그들은 그 두 사람을 불러서,

절대로 예수의 이름으로 말하지도 말고

가르치지도 말라고 명령하였다.

그때에 베드로와 요한은 대답하였다.

"하나님의 말씀을 듣는 것보다,

당신들의 말을 듣는 것이,

하나님 보시기에(in the sight of God, ESV)

옳은 일인가를 판단해보십시오.

우리는 보고 들은 것을 말하지 않을 수 없습니다."

백성이 모두 그 일어난 일로

하나님께 영광을 돌리고 있으므로,

그들은 사도들을 처벌할 방도가 없어서,

다시 위협만 하고서 놓아 보냈다.

이 기적으로 병이 나은 이는

마흔 살이 넘은 사람이다. 행 4:18-22

대제사장을 비롯한 당대의 유대 지도자와 장로들은 베드로와 요한에게 예수님의 증인의 역할을 중단하라고 명령했다. 하지만 두 사도는 사람의 명령을 따르기보다 하나님의 말씀을 듣는 것이 옳다며 자기들이 보고 들은 하나님의 역사를 증언하지 않을 수 없다고 반박했다. 그들은 삶의 모든 행동이 자신들을 늘 지켜보고 계시는 하나님 앞에서 행해지고 있다고 말했다.

다시 말해, 내가 경험하고 만난 그리스도께서 오늘도 나를 지켜보고 계시기에, 그분의 은혜가 내 삶을 강권적으로 붙들고 있기에 그 체험적 고백을 사람들에게 나누지 않을 수 없다는 것이었다. 이는 예수님을 깊이 만나고 경험한 자만이 할 수 있는 얘기다.

예수님의 증인의 가장 중요한 덕목은 '충성됨'이다. 충성된 증인은 그 어떤 위협과 고난이 있어도 자신이 하나님을 만나고 경험했기에, 그분이 늘 지켜보시기에 보고 들은 바를 담대히 나눌 수 있다.

성경은 덧붙여 증언한다. 나면서부터 걷지 못했다가 하나님의 능력으로 완전히 치유된 그 사람이 마흔이 넘었다고 말이다. 그는 사십 년 넘게 앉은뱅이로 살아왔던 거다.

흔히 말한다. 사람은 잘 변하지 않는다고. 그러나 하나님의 능력과 권능이 임하시면, 사십 년 넘게 꿈쩍도 하지 않던 인생의 고질적인 문제도 한순간에 바뀔 수 있다. 누구든 예외 없이 새사람이 될 수 있다.

네게는 여호와의 영이 크게 임하리니

너도 그들과 함께 예언을 하고 변하여

새사람이 되리라 삼상 10:6

여호와의 영, 곧 성령께서 임하셨을 때 사울도 에인을
했고 변하여 새사람이 되었다. 그렇다. 우리 모두 그리스
도 안에서 성령의 역사하심을 경험할 때, 이전 것은 지나
가고 새것이 될 수 있다.

누구든지 그리스도 안에 있으면,

그는 새로운 피조물입니다.

옛것은 지나갔습니다.

보십시오, 새것이 되었습니다. 고후 5:17

우리들의
사도행전

5

주님의 임재가 열린 문입니다
그리로 들어가면 됩니다

돌아갈 곳은 에티오피아

주님의 임재가 열린 문

우리가 안식년으로 미국에 갈 때, 많은 분이 조심스럽게 이야기한 내용이 있었다. 풀러신학대학원이 좋기는 하나 너무 좋아서 되려 문제가 될 수도 있다는 거였다. 선교지로 돌아가지 않고, 석사에 이어 박사 과정까지 밟으며 체류 기간이 길어지다가 결국 미국에 자리를 잡거나 한국에서 목회를 시작하는 분들이 다수 있는 모양이었다.

그러나 우리 부부는 일 년의 안식년을 마치고 선교지로 돌아가는 것이 유일한 꿈이고 바람이었다. 성경에 보면, 야곱이 라헬을 사랑했기에 그녀를 위해 봉사한 십사 년을 수일처럼 여겼다고 표현한다. 그렇다고 우리가 에티오피아에서 보낸 육 년을 수일처럼 여긴 건 아니지만, 그다지 길게 느껴지지 않을 정도로 감사하고 기쁘게 보냈다.

그런데 선교지로의 복귀를 고대하던 우리에게 전혀 예기치 못한 상황이 벌어졌다. 앞서 잠깐 언급했듯이, 미국에 온 지 반년이 채 되지 않아서 유례없는 코로나19 팬데믹이 발생했다. 이 바이러스 대유행은 전 세계로 영향력을 넓히며 모든 일상을 정지시켰다. 이 초유의 상황은 이 년이 넘도록 악화일로를 걸었다.

우리의 앞날은 모든 게 불투명했다. 에티오피아에 돌아갈 수 있을지, 돌아간다 해도 어떤 사역을 할 수 있을지, 비자는 과연 나올지…. 현지에 있던 선교사님들이 본국으로 철수하거나 일시 귀국하여 대기하기로 했다는 얘기가 속속 들려왔다.

2019년 8월 말에 미국으로 안식년을 나온 우리 가족은 복귀 시점으로 예정했던 2020년 가을을 훌쩍 넘기고 그해 연말이 돼서도 여전히 통제 불능이던 코로나19 팬데믹 속에서 진로를 정하지 못했다.

2021년 1월 2일 밤, 아내와 나는 잠자리에 누워 대화를 나누었다.

"우리가 선교지로 돌아갈 수 있을까? 전혀 문이 열리질 않아. 길도 보이지 않아. 주님이 일하고 계신 거겠지? 지금처럼 믿음이 생기지 않는 경우는 없었는데… 정말 아무 것도 보이질 않네."

다음 날 아침, 교회에 가서 신년 첫 주일예배를 드렸다. 예배가 시작되고 첫 번째 찬양의 반주가 흘러나왔다. 찬양의 가사가 하나님의 응답이자 내 고백이 되어 터져 나왔다.

주님의 임재가 제 앞에 펼쳐진 열린 문입니다
저는 주님을 이토록 원해본 적이 없습니다
주님이 임재하시는 그곳이 제게는 열린 문입니다
오소서! 임하소서! 이전과 다르게 임하여주옵소서!

회개의 눈물이 흘렀다.
'그렇군요, 주님. 당신의 임재 자체가 우리에게 열린 문이군요. 주님만 따라가면 되는군요. 주님, 침대에서 우리가 한 푸념과 불신앙의 고백을 다 들으셨군요.'
이어서 부른 찬양 가사가 가슴에 와서 박히는 듯했다. 나는 하나님의 정확한 대답으로 받으며, 믿음의 고백을 올려 드렸다.

마르투스 : 증인

주님은 새 길을 내시는 분입니다

능히 기적을 일으키시며

약속을 신실하게 지키시는 분입니다

짙은 어둠 속 한 줄기 빛이 되어주시는

당신이 바로 나의 하나님이십니다

하염없이 눈물이 흘러내렸다.

'그렇습니다. 주님은 길을 만드시는 분입니다! 기적을 행하시고 약속을 지키시는 나의 하나님이십니다!'

나의 믿음 없는 말에 대한 하나님의 자상하신 응답은 계속되었다.

내가 보지 않는 그때에도 당신은 일하고 계십니다

내가 느끼지 못하고, 깨닫지 못하는 그때에도

당신은 일하고 계십니다

주님은 결코 일을 멈추시지 않습니다

내가 이제 새 일을 하려고 한다.

이 일이 이미 드러나고 있는데,

너희가 그것을 알지 못하겠느냐?

내가 광야에 길을 내겠으며, 사막에 강을 내겠다. 사 43:19

내가 뱉은 믿음 없는 고백과 질문들을 향해 주님께서 조목조목 대답해주시는 듯했다. 그렇다. 주님은 사방이 가로막힌 암흑 속에서도 일하고 계셨다. 우리가 보지 못하고, 느끼지 못해도 그분은 길을 만드시고, 새 일을 행하시며, 약속을 지키시는 신실한 하나님이셨다.

우리 하나님은 일을 행하시는 분이다. 광야에 새 길을 내시고, 놀라운 방법으로 성취하시는(완성하시는) 분이다. 우리가 그분께 부르짖을 때 반드시 응답하시며 그분의 크고 은밀한 계획을 밝히 보여주신다(렘 33:2,3).

아무것도 달라진 건 없었지만, 모든 게 다르게 보였다. 우리는 다시 한번 믿음의 눈을 들어 기도하기 시작했다.

출발점이 한국인가, 에티오피아인가?

코로나19 대유행은 끝날 기미가 보이지 않았다. '한국에 들어가서 대기해야 하나' 하던 찰나에, 기도를 하다가 이런 생각이 들었다.

'가만, 우리가 한국에서 출국해 에티오피아로 갔고, 하나님께서 안식년을 명하셔서 에티오피아에서 미국으로 나왔으니, 다음 행선지를 기다리며 대기해야 할 곳은 한국이 아니라 에티오피아가 아닌가? 게다가 우리가 언제 일자리 때문에 나왔나, 하나님의 부르심으로 안식년을 나온 거지. 그렇다면 당장 할 수 있는 일이 없더라도 돌아가야 할 곳은 원래 우리를 부르신 땅, 에티오피아가 맞지 않는가?'

이렇게 생각하니 모든 게 간단하게 정리되었다. 비자 발급이 가능할지는 그다음 문제였다.

그렇게 우리는 일 년 육 개월가량의 미국 생활을 정리한 후, 에티오피아행 비자도 받고 양가 부모님도 오랜만에 뵐 겸 한국으로 향했다(이때 한국에 도착해서 격리기간 동안 쓴 책이 바로 《깨어진 그릇》이다).

이 주의 격리기간을 포함해서 오십 일간 한국에서 지냈다. 세 사람 이상은 함께 식사할 수 없던 때라 다섯 식구인 우리 가족을 두 팀으로 나눠도 식당에 갈 수 없는 진귀한 경험을 했다.

당시 에티오피아 대사관에서 비자 업무를 중단했다는 정보가 여러 경로로 들려왔다. 하지만 나는 하나님께서 허락하시면 문이 열릴 거라고 굳게 믿었다.

하루는 혹시나 해서 대사관에 직접 전화했더니 바로 받는 게 아닌가! 대사관 관계자는 그 전 주부터 비자 업무를 재개하여 여행자 비자를 발급하고 있으며, 최장 삼 개월짜리 비자 발급이 가능하다고 했다. 나는 물었다.

"발급하는 데 얼마나 걸리나요?"

"지금 대기자가 없어서 당일 발급도 가능할 것 같습니다."

하나님께서 길을 여시는 게 느껴졌다. 우리 가족은 곧장 대사관에 가서 비자를 신청했고, 당일에 발급받을 수 있었다(나중에 안 사실이지만, 그로부터 열흘이 못 되어 다시 비자 업무가 중단되었다고 한다).

나는 이 놀라운 인도하심에 기쁨의 고백을 올려드렸다.

'주님, 감사해요. 부족한 저희를 에티오피아에 다시 들어가기에 합당한 자들로 여겨주셔서 감사합니다!'

비마저 오지 않는데 돌아가지 않을 이유가 없었다.

에티오피아로 돌아가기로 결정한 순간, 2021년 3월

하나님의 흔적을 지닌 사람들

: 그 이름을 위하여 능욕 받는 일에 합당한 자(행 5:41)

고난을 특권으로 여긴 자들

사도행전 5장은 아나니아와 삽비라의 이야기로 시작한
다. 그들은 사람들을 속여 땅을 판 돈의 일부만 하나님께
드렸는데, 베드로는 그들이 성령님을 속였다고 엄중히 꾸
짖는다.

그때에 베드로가 이렇게 말하였다.

"아나니아는 들으시오.

어찌하여 그대의 마음이 사탄에게 홀려서,

그대가 **성령을 속이고**

땅값의 얼마를 몰래 떼어놓았소?" 행 5:3

마르투스 : 증인

아나니아와 삽비라가 나눈 건 돈이었지만, 실은 그들의 마음이 나뉘어있었다. 그들은 주님께 전심으로 나아가지 않았다. 주님을 예배하는 척하며 사람들의 인정을 받으려 했고, 궁극적으로는 자신들의 영광을 구했다.

삶의 일부만을 드리면서 사람에게 인정받으려는 두 마음을 품고 하나님께 나아가는 자는 결코 그분을 기쁘시게 할 수 없다. 베드로가 이러한 예배를 가리켜 '성령을 속이는 행위'라고 한 것이다.

대제사장과 그의 지지자들인 사두개파 사람들이

모두 시기심이 가득 차서 들고일어나,

사도들을 잡아다가 옥에 가두었다.

그런데 밤에 주님의 천사가 감옥 문을 열고,

그들을 데리고 나와서 말하기를,

"가서, 성전에 서서, **이 생명의 말씀을 남김없이 백성에게 전하여라!**" 하였다.

이 말을 듣고, 그들은 새벽에

성전에 들어가서 가르치고 있었다.

그때에 대제사장이

그와 함께하는 사람들과 더불어 와서,

공의회와 이스라엘의 원로회를 소집하고,

감옥으로 사람을 보내어,

사도들을 데려오게 하였다. 행 5:17-21

하루는 사도들이 말씀을 전하다가 감옥에 갇혔다. 그런데 한밤중에 천사가 찾아와 감옥 문을 열어주었다. 그러고는 친히 그들을 감옥에서 데리고 나와 하나님의 준엄한 명령을 전달했다.

"이 생명의 말씀을 남김없이 백성에게 전하여라!"

상상해볼수록 놀라운 일이다. 사도들은 얼마나 놀랐을까! 그다음 구절을 보면, 그들이 새벽에 성전에 들어가 말씀을 가르쳤다고 나온다. 그 놀라운 체험이 그들을 즉각적인 순종으로 이끌었음을 알 수 있다.

그들은 저절로 순종한 게 아니었다. 하나님께서 초자연적으로 자신을 계시하시며 그분의 뜻을 분명하게 보여주셨기에 즉각적으로 순종할 수 있었다. 이 대목을 묵상할 때마다 이런 기도가 터져 나온다.

"주님, 제게도 은혜를 주셔서 하나님의 뜻을 분명히 보여주시옵소서. 종이 순종하겠나이다!"

베드로와 사도들이 대답하였다.

"사람에게 복종하는 것보다,

하나님께 복종하는 것이 마땅합니다." 행 5:29

"우리는 이 모든 일의 증인이며,

하나님께서 자기에게 복종하는 사람들에게 주신

성령도 그러하십니다." 행 5:32

사도들은 이내 다시 붙잡혀 대제사장 앞에서 심문을 받았다. 그러나 그들은 담대했고, 그들의 마음은 하나님을 향한 순종의 의지와 확신으로 가득 차있었다. 그랬기에 사람의 말이 더 이상 중요하지 않았다.

그리고 그들은 '하나님께서 자기에게 복종하는 자에게 또 다른 증인이신 성령님을 주신다'라고 선언했다. 자신과 성령님이 주님을 함께 증거하는 증인이라고 말한 것이다.

그리하여 그들은

사도들을 불러다가 때린 뒤에,

예수의 이름으로 말하지 말라고

명령하고서 놓아주었다.

사도들은 예수의 이름 때문에

모욕을 당할 수 있는 자격을

얻게 된 것을 기뻐하면서,

공의회에서 물러나왔다.

그들은 날마다 성전에서,

그리고 이집 저집에서

쉬지 않고 가르치고

예수가 그리스도임을 전하였다. 행 5:40-42

사도들은 예수님의 이름 때문에 당하는 모욕과 고난을 특권으로 여겼다. 우리 인생에 예수님의 이름으로 인해 생기는 하나님의 흔적(손자국, 지문, fingerprint)이야말로 가장 큰 자랑과 영광이 아니겠는가. 주님과 얼굴을 마주할 그날, 예수님의 이름 때문에 삶에 새겨진 하나님의 흔적을 가득히 지니고 그분 앞에 서기를 소망한다.

우리들의
사도행전

6

흔들리지 않는 나라를 받으니,
감사를 드립시다
경건함과 두려움으로
하나님이 기뻐하시도록 그를 섬깁시다

히 12:28

너희가 서있는 땅이 크게 흔들릴 것이다

증인이 되는 여정에 오르다

우리 가족은 거의 이 년 만에 에티오피아의 수도 아디스
아바바에 돌아왔다. 아내와 나는 공항에 도착하자마자
얼싸안고 기쁨과 감사의 기도를 드렸다.

아이들은 어릴 때부터 자라며 추억을 쌓고 친구들을 사
귄 학교 교정을 밟자 크게 안도했다. 온 가족이 기쁨과 평
안을 되찾은 듯 보였다.

선교지로 돌아온 지 얼마 되지 않아 가족이 돌아가며
코로나19에 감염되는 등 힘든 시간도 있었지만, 이건 전
세계 모든 이가 예외 없이 겪는 어려움에 불과했다. 질병을
툭툭 털고 일어난 우리 가족은 보란 듯이 에티오피아의 일

상으로 빠르게 복귀했다.

우리는 여행자 비자로 입국했으나 아내가 에티오피아의 선교사 자녀 국제학교에서 일하기에 정식으로 거주증을 받을 수 있었다. 이 또한 너무 감사했다.

다만 거주증을 수속하려면 아내가 외국에 한 번 나갔다 들어와야 해서 가장 가까운 옆 나라 케냐로 케냐 출신 동료 교사와 함께 다녀왔다. 아내는 그 동료 교사와 얼굴만 알던 사이였는데, 비행기에서 서로 간증을 나누며 각자의 삶에 역사하신 하나님의 은혜를 돌아보는 시간을 보냈다고 했다.

비자만 바꿔서 받아오면 되는 짧은 여정 동안, 동료 교사는 자신의 멘토인 콩고 목사님을 소개해주었다. 그 분은 예언의 은사가 있는 분으로 아내에게 예언 기도를 해주셨다.

"머지않아 당신의 가족이 서있는 땅이 크게 흔들릴 것입니다. 그러면 여러분은 하나님의 말씀을 전하는 여정을 시작하게 될 것입니다. 그 증거로 조만간 당신과 당신의 남편 그리고 아이들 모두가 함께 이곳으로 와서 저를 만날 것입니다."

아내가 돌아와서 내게 기도 내용을 나눠주었다. 코로

나19 팬데믹도 끝나가는데 우리 가족이 서있는 땅이 크게 흔들릴 거라는 것과 우리가 다 같이 여행을 시작한다는 말이 언뜻 이해되지 않았지만, 나는 목사님의 말씀을 마음에 담아두었다.

그런데 아니나 다를까, 그로부터 이 개월 후인 2021년 11월경에 에티오피아 북부에서 시작된 내전의 양상이 점점 심각해졌다. 급기야 반군이 무섭게 밀고 내려와 수도를 함락시킬지도 모르는 일촉즉발의 상황으로 걷잡을 수 없이 번져갔다. 급작스러웠지만, 내전의 원인이 된 민족들 사이의 갈등과 반목은 천 년이 넘게 이어져 온 뿌리 깊은 문제였다.

마침내 미국 대사관에서는 자국민에게 에티오피아를 떠날 것을 명령했고, 많은 선교 단체의 선교사와 사역자들이 줄줄이 출국하게 되었다. 우리 가족은 우왕좌왕하지 않고 상황을 주시하며 매 순간 기도함으로 자리를 지키고 있었다.

그즈음 아내가 교사로 있고 아이들이 다니는 선교사 자녀 국제학교도 휴교를 결정했다. 다만 교사와 교사 가족들을 포함한 전원이 다 같이 케냐로 피신 겸 수련회를 가기로 하면서, 우리 가족도 케냐로 향했다.

마르투스 : 증인

일주일의 수련회 동안 우리는 합심하여 기도하고 또 기도했다. 이 나라를 지켜주시고 앞으로의 향방을 알려달라고 부르짖었다. 수련회가 끝날 무렵, 학교 측에서는 내전 양상을 한 치 앞도 예측할 수 없으니 교사와 그 가족들에게 케냐에서 대기하거나 고국으로 돌아갈 것을 권했다.

어떻게 할지를 고민하는 중에 한 가지 생각을 떠올렸다.

'안식년을 보내며 알게 된, 직접 만나 교제해본 적은 없는 후원 교회들을 방문해보면 어떨까?'

아직 코로나19 팬데믹이 종결되지 않았고 시기도 연말이어서 과연 교회들이 우리를 환영해줄지 의문이었다. 만일 받아주지 않는다면 할 수 없지만, 일단 연락해보기로 했다.

캐나다 몬트리올과 토론토를 비롯해 미국 워싱턴 D.C., 시카고, 로스앤젤레스, 내쉬빌 등에 있는 후원 교회와 지인들에게 연락을 취했다. 놀랍게도, 반나절도 안 되어서 모두가 우리 가족을 환영한다고 답변을 주었다. 일정도 마치 다 같이 논의라도 한 것처럼 겹치지 않고 순서대로 잡혔다.

신기할 정도로 방문 여정이 착착 계획되는 걸 보며, 아내와 나는 두 달 전 콩코 목사님이 해주신 예언을 떠올리지 않을 수 없었다. 목사님의 예언은 적중했다. 우리가 발을 딛고 서있던 에티오피아 땅이 내전으로 크게 흔들렸고, 우리는 북미 지역 교회 방문 여정을 앞두고 있었다.

그 길로 목사님을 찾아뵈었다. 온 가족이 목사님을 만날 거라는 마지막 예언까지 성취되는 순간이었다. 목사님은 우리 다섯 식구를 보며 환히 웃으셨다. 그리고 예언의 말씀을 덧붙여 주셨다.

"여러분의 여정이 이미 짜여진 것을 저는 알고 있습니다. 이 여정이 길고 지겹다고 느낄 만큼 오래 여행하겠지만, 방문지가 한 곳 추가될 것입니다."

그로부터 약 일주일 후인 11월 말, 우리 가족은 케냐에서 반바지 차림으로 출국해 눈 내리는 캐나다 몬트리올에 도착했다. 그리고 이듬해 1월 중순까지 캐나다와 미국 동부 및 서부를 두루 다니며 여정을 이어갔고, 목사님의 예언대로 방문지가 한 곳 추가되어 미국 뉴저지까지 가게 되었다.

누구도 계획한 적 없는 선교 여행의 시작이었다. 증인이 되는 여정이 우리를 기다리고 있었다.

두 번째 증인, 스데반

: 그 얼굴이 천사의 얼굴과 같더라(행 6:15)

예수님으로 충만했던 사람, 스데반

"그러니 형제자매 여러분,

신망이 있고 성령과 지혜가 충만한 사람 일곱을

여러분 가운데서 뽑으십시오. 그러면 그들에게

이 일을 맡기고, 우리는 기도하는 일과

말씀을 섬기는 일에 헌신하겠습니다."

모든 사람이 이 말을 좋게 받아들여서,

믿음과 성령이 충만한 사람인 스데반과

빌립과 브로고로와 니가노르와 디몬과 바메나와

안디옥 출신의 이방 사람으로서

유대교에 개종한 사람인 니골라를 뽑아서 행 6:3-5

스데반은 은혜와 능력이 충만해서,

백성 가운데서 놀라운 일과

큰 기적을 행하고 있었다. 행 6:8

사도들은 가난한 자에게 구호 음식을 나눠주는 일을 섬
기는 자로 일곱 집사를 세우기로 했다. 단, 조건이 붙었다.

"신망이 있고 성령과 지혜가 충만한 사람."

그중 첫 번째로 호명된 사람이 바로 '스데반'이다. 그는
"믿음과 성령이 충만한 사람"이었다. 또한 "은혜와 능력
이 충만해서, 백성 가운데서 놀라운 일과 큰 기적을" 행했
다고 기록된다. 이처럼 성령님으로 충만한 사람은 은혜와
능력이 가득 부어져서 사람들 가운데 하나님의 놀라운 일
을 나타내는 주인공이 될 수 있다.

성령과 지혜와 믿음과 은혜와 능력이 충만했던 스데반
은 신약성경에서 예수님 다음으로 내가 제일 사랑하는 분
이다. 아마도 그는 그 무엇보다 '예수님'으로 충만한 사람
이었을 것이다.

성령으로 충만한 주님의 증인은 세상이 감당하지 못한
다. 그가 성령님의 지혜로 모든 일을 행하기 때문이다.

그러나 스데반이 지혜와 성령으로 말하므로,

그들은 스데반을 당해낼 수 없었다. 행 6:10

아무도 금할 수 없는 성령의 열매

그리고 거짓 증인들을 세워서,

이렇게 말하게 하였다.

"이 사람은 쉴 새 없이 [이] 거룩한 곳과

율법을 거슬러 말을 합니다.

이 사람이, 나사렛 예수가 이곳을 헐고

또 모세가 우리에게 전하여준 규례를

뜯어고칠 것이라고 말하는 것을,

우리가 들었습니다."

공의회에 앉아있는 사람들이

모두 스데반을 주목하여 보니,

그 얼굴이 천사의 얼굴 같았다. 행 6:13-15

스데반이 체포되었다. 사람들은 거짓 증인들을 세워 그
를 모함하고 공격했다. 억울하게 궁지로 몰린 스데반이

몹시 초조하고 분개할 만한 상황이었다. 그런데 사람들이 그를 주목하여 보니, 그 얼굴에는 하늘의 표정과 여유가 있었다. 그 어느 것보다 분명하고 강력한 하나님의 증인만이 갖는 표징이었다.

그 다급한 순간에 인위적으로 표정 관리를 했을 리 만무하다. 이는 오랜 시간 하나님과 동행한 스데반에게 내재된 흔들리지 않는 평안과 확신만이 만들어 낼 수 있는 '하나님의 손자국'이었다.

> 그러나 성령의 열매는 사랑과 기쁨과 화평과
> 인내와 친절과 선함과 신실과 온유와 절제입니다.
> 이런 것들을 막을 법이 없습니다. 갈 5:22,23

누구든 성령님과 지속적으로 교제하고 동행하면 삶에 성령의 열매가 맺힌다. 성령님의 임재의 결과물을 막을 수 있는 건 아무것도 없다.

죽음의 위협 앞에서 스데반은 천사의 얼굴을 하고 평안을 잃지 않았다. 우리 얼굴에 자리 잡은 하나님나라, 이보다 강력한 증거가 있을까. 나 또한 그와 같은 예수 그리스도의 증인이 되기를 소망한다.

마르투스 : 증인

우리들의
사도행전

7

주님, 마음을 드렸기에
이제 몸을 드립니다

증인이 되기 위한 피난 여행 _김희연 선교사

맨손으로 떠나야 한다면

뉴스나 드라마에서만 보던 상황이 우리에게 일어났다. 아내이자 엄마로서, 무엇보다 기독 학교의 교사로서 어떻게 대처할지 판단이 서질 않았다. 매일 정신을 붙들고 무엇이 최선인지 생각하려 했다. 그러나 내 경험과 지혜는 미천할 뿐, 답을 아시는 그분께 기도할 수밖에 없었다.

북부 지역의 내전 소식은 국가에서 외신을 통제하는 바람에 정확한 사실 관계를 확인할 길이 없었다. 매일 쏟아지는 자극적인 소문에 사람들은 그 진위를 밝히려 했고, 내가 몸담은 학교와 교민 사회와 각국 공관들의 분위기는 어수선했다.

마르투스 : 증인

나는 두 마음 사이에서 갈등했다.

'이렇게 어려운 상황일수록 이 나라 친구들과 함께해야 하지 않을까? 분명 도울 일이 있을 거야.'

'아이들에게 위험한 상황이 발생하면 어쩌나? 한국에 계신 부모님과 지인들도 많이 걱정하는데….'

갈피를 못 잡는 와중에 상황은 점점 악화됐고, 대사관에서 공식 철수 권고가 내려왔다. 마침 진료차 한국에 가있던 남편에게서 전화가 왔다.

"나와야 하지 않을까? 내가 들어가서 같이 나올까?"

나는 말했다.

"… 생각해봤는데 아직은 여기 있는 게 맞는 것 같아. 힘들어하는 현지 친구들 곁에 우리가 있어야 하지 않을까?"

남편의 대답은 매우 짧았다.

"응, 맞아."

남편도 이미 나와 같은 결론을 내리고 있었다. 다만 내가 힘들까 봐 내 결정을 따르고자 먼저 물어봐 준 거였다.

며칠 뒤, 남편은 집으로 돌아왔고, 우리 가족은 내가 속한 학교의 결정을 믿고 따르기로 했다.

인터넷에서 확인되는 자극적인 뉴스와 이에 불안해하거

나 불필요한 소문을 확산하지 말라는 학교의 권면, 동요하는 외국인 사회를 겨냥한 현지인들의 비판 섞인 말과 공감하는 시선, 교민의 안전을 최우선으로 여기는 대사관의 권고, 거기에 우리를 걱정하는 가족과 지인들의 초조한 연락이 하루하루를 넘치게 채워갔다.

그러던 중 반군 세력이 수도인 아디스 아바바에서 육로로 두 시간 거리에 있는 도시를 점령하기에 이르렀다. 결국 학교에서는 외국인 직원 전원에게 일시 철수 권고를 내렸고, 가능한 가정은 옆 나라인 케냐로 이동하여 함께 기도하며 상황을 지켜보자고 했다. 다만 정치적 민감성 때문에 '피난'이라는 단어를 쓰지 않고 '비상 대처 및 학습 정상화를 위한 교사 리트릿'이라는 이름으로 출국했다.

예민한 지침과 권고가 이어지는 가운데 동료들 사이에 오가는 불안한 대화, 결정의 순간마다 엇갈리는 반응, 하나둘 본국으로 떠나는 동료들을 지켜보며 지치는 나날이 이어졌다.

그 와중에도 우리를 안심시키며 '내 나라에서 너와 네 가족이 다치는 건 용납할 수 없다'라며 되려 출국을 권하는 에티오피아 친구들의 위로와 격려에 부끄러움과 미안함, 고마움이 수없이 교차했다.

마르투스 : 증인

현실이 피부로 와닿은 건 짐을 싸면서부터였다. 여행이나 이주가 아닌 이런 이유로 짐을 꾸리는 건 처음이었다. 얼마나 떠나있을지, 돌아올 수는 있는지, 어디로 갈지조차 막연한 상황에서 짐을 싸기가 이토록 어렵다는 걸 처음 알았다. 마치 머리가 작동을 멈춘 듯했다.

아이들도 마찬가지였다. 무슨 짐을 얼마나 싸야 할지 몰라 가방 앞에 멍하니 있는 세 아이에게 나는 찬찬히 말해주었다. 우선 돌아오지 못할 가능성을 염두에 두고, 꼭 필요한 보름치 옷가지를 챙기게 했다. 그다음엔 각자 소중한 물건을 챙기되 부피가 너무 크거나 가져가기 어려운 건 포기하게 했다. 나 역시 아끼던 그릇, 친정엄마의 마음이 담긴 집기, 동생이 선물해준 장식품과 옷가지, 가족 여행 때 모은 기념품 등을 가방에 넣었다. 골똘히 고민하며 가져갈 물건을 고르는 아이들의 얼굴에 아쉬움과 속상함이 스쳤다.

'무엇을 가져갈 것인가'라는 질문은 단순히 에티오피아를 떠나있는 시간뿐 아니라 지난날을 돌아보게 했다.

'나는 무얼 소중하게 여기는가? 반드시 가져가야 할 만큼 소중한가? 그럼에도 가져갈 수 없는 건 무엇인가? 그 안에 담긴 가치와 기억을 어떻게 간직할 수 있을까?

반대로 소중하진 않지만 가져가야 하는 건 무엇인가? 그만큼 꼭 필요하고 유용한가?'

질문이 꼬리에 꼬리를 물고 이어졌다. 그리고 깨달았다.

'내가 가치를 둔 물건들은 죄다 가져갈 수 없는 거구나. 맨손으로 이 땅을 떠나야 한다면 주님께 가져갈 수 있는 게 가장 소중한 것이겠구나.'

머리로 알던 게 가슴으로 떨어지는 순간이었다. 영원한 것을 위해 영원하지 않은 것을 버리는 건 지혜로운 일이다.

베드로가 말하기를
"은과 금은 내게 없으나,
내게 있는 것을 그대에게 주니,
나사렛 예수 그리스도의 이름으로
[일어나] 걸으시오" 하고 행 3:6

척박한 땅에 생명을 전하는 일

북미로 가기 전, 케냐에서 이 주를 보내며 선배 선교사님이 사역하는 '코어'라는 지역에 가볼 기회가 생겼다.

그곳은 물이나 전기가 없는 사막 한가운데에 있었다. 그러다 보니, AIM(Africa Inland Mission) 선교사님이 건축한 건물에서 태양열로 전등 몇 개를 간신히 밝힐 수 있었고, 전기가 없으니 220볼트를 15볼트로 돌아가도록 개조한 위로 여닫는 냉장고(사실 냉장고라고 하기도 무색한) 하나가 전부였다. 열악한 환경이었지만 우리 가족은 선배 선교사님과 며칠간 깊이 교제했고, 옥수수와 콩을 나눠주며 복음을 전하는 마을 사역도 함께 다니며 귀한 시간을 가졌다.

그곳의 마을들은 차로 몇 킬로미터씩 가야 겨우 열댓 집이 있었다. 집이라고 해도 굴러다니는 마른풀과 가지를 엮어 햇빛을 가리고 야생동물의 공격을 막는 정도의 형태였다. 몹시 황량했고 주변에 아무것도 없었다.

선교사님은 그 지역에 비가 거의 오지 않아서 일 년에 한 번 있는 우기 때 집 아래에 있는 저수조에 일 년치 물을 받아 보관해야 한다고 했다. 물이 하도 귀하니, 목욕물을 받아 화장실에 쓰고, 청소할 때 쓰고, 다른 용도로 또 사용한다고 했다. 그런 이야기를 나누며 에티오피아에서의 고생은 명함도 못 내민다는 농담 같은 진담을 주고받았다.

하루는 함께 밤하늘의 별을 헤아리며 대화를 했다. 그때 선교사님이 한 말이 가슴에 꽂혔다.

"이렇게 열악하고 하루하루 생존해야 하는 사람들에게는 다른 무엇도 필요 없고 죽기 전에 복음을 듣는 것, 그거밖에 없더라고. 그게 내가 줄 수 있는 가장 큰 선물이더라고. 모든 생명이 소멸하는 듯한 이곳에 진짜 생명을 전하는 일이지."

에티오피아에서 버젓한 집에 사는 내가 너무도 사치스럽게 느껴졌다.

척박하고 갈라진 땅, 선인장마저 말라비틀어진 사막 한가운데서 올려다본 밤하늘은 정말 아름다웠다. 하늘 가까이 얼굴이 맞닿은 느낌이 들었다.

선교사님이 내게 말했다.

"우리가 이것 때문에 여기서 버틸 수 있어. 하나님과 가까이 있는 것 같아서 매일 다짐하고 다시 일어나게 돼."

그렇게 나는 땅끝에서 나와 내 삶을 돌아보았다.

아름다운 코어 땅에서 새롭게 나아갈 힘을 얻은 우리 가족은 콩고 목사님의 예언대로 북미 지역의 교회와 지인들을 만나기 위해 공항으로 향했다. 출국 전날, 뭘 썼는지 기억도 나지 않는 짐을 줄 세운 채 온 식구가 손을 맞잡고 함께 기도했다.

첫 행선지는 눈이 펑펑 내리는 캐나다 몬트리올이었다. 11월 말, 반바지와 반팔이 대부분인 짐을 들고 슬리퍼 차림으로 공항에 내렸다. 그럴 줄 알았다며, 우리가 도착하기까지 계속 연락을 주시던 집사님과 목사님 부부와 성도들이 방한 재킷부터 모자와 양말까지 공항으로 들고나와 우리 다섯 식구의 머리부터 발끝까지 따뜻하게 감싸주셨다. 진심 어린 환대와 위로를 느꼈다.

약 칠 주간, 우리는 이 도시 저 도시를 다니며 공동체의 도움과 섬김을 받았다. 짐을 싸고 풀며 이동하기를 반복하느라 몸은 고단했지만, 손수 입히고 먹이시는 하나님의 손길을 깊이 경험했다.

케냐 코어, 2021년 11월

케냐 코어의 한 마을, 가운데 동그랗게 보이는 것들이 집이고
몇 집이 모여 마을 경계선을 이루고 있다

두 번째 열린 하늘

: 하늘이 열리고 인자가 하나님 우편에 서신 것을 보노라(행 7:56)

보좌 우편에 서계신 예수님

신약성경에 적어도 네 번 정도 '하늘'이 열리는 장면이 나온다[여기서 '하늘'은 물리적 공간인 하늘(sky)이 아니라 영적 공간인 하나님나라(heaven)를 지칭하는 것으로 여겨진다].

'하늘이 열린다'라는 표현은 하나님나라의 가치가 이 땅에 풀어지는 중요한 순간을 뜻한다고 생각한다. 하나님께서 이 땅에서 벌어지는 일들을 보실 때 매우 기쁘시거나(예수님이 하나님의 뜻에 순종하여 세례 요한에게 세례를 받으셨을 때 하늘이 열렸다) 그분의 뜻을 절박하게 나타내실 필요가 있거나 혹은 예수님이 하나님나라에서 이 땅으로 다시 오실 때 하늘이 열린다고 성경은 말씀한다.

그중 두 번의 사건이 사도행전에 기록됐는데 먼저 7장에 나온다.

> 그래서 그는 "보십시오, 하늘이 열려있고,
>
> 하나님의 오른쪽에 인자가 서계신 것이 보입니다"
>
> 하고 말하였다. 행 7:56

공회에 잡혀간 스데반은 사람들 앞에서 설교와 변론을 했다. 그러나 사람들은 스데반의 설교를 듣지 않았고, 되려 그에게 돌을 던지기 시작했다.

아마도 엄청난 고통과 죽음의 그림자가 스데반을 덮치고 있었을 것이다. 그러나 그는 눈을 들어 하늘을 보았다. 정확히 말하면, 눈을 들어 예수님을 바라보았다. 바로 그 순간, 하나님께서 하늘을 열어 예수 그리스도께서 아버지 하나님의 보좌 우편에 영광스럽게 서계신 것을 보여주셨다.

> 하나님께서는 이 능력을 그리스도 안에 발휘하셔서,
>
> 그분을 죽은 사람들 가운데서 살리시고,
>
> 하늘에서 자기의 오른쪽에 앉히셔서 엡 1:20

마르투스 : 증인

하나님께서 그리스도 예수 안에서

우리를 그분과 함께 살리시고,

하늘에 함께 앉게 하셨습니다. 엡 2:6

에베소서에 의하면 아버지 하나님께서 하나님의 보좌 우편에 예수님을 앉게 해주시고, 예수님 안에서 구원받은 우리 역시 그분과 함께 하늘에 앉게 해주셨음을 알 수 있다.

그리고 여기 사도행전 7장에서는 스데반 집사가 열린 하늘을 통해 예수님이 하나님 우편에 서계신 것을 보았다. 아마도 주님께서 벌떡 일어나신 게 아니었을까? 예수님의 길을 충성스럽게 따르다가 결국 그분과 가장 닮은 모습으로 삶의 전부를 드린 스데반의 예배를 예수님이 마음 다해 받아주신 것이라 믿는다.

예수님이 하나님 아버지의 충성스러운 증인이시자 첫 번째 순교자라고 생각할 때, 예수님처럼 열린 하늘을 경험하고 예수님처럼 충실한 증인으로서 두 번째 순교자가 된 분이 바로 스데반 집사다.

종의 덕목: 겸손, 헌신, 순종

목이 곧고 마음과 귀에
할례를 받지 못한 사람들이여,
당신들은 언제나 성령을 거역하고 있습니다.
당신네 조상들이 한 그대로
당신들도 하고 있습니다. 행 7:51

스데반 집사는 이스라엘 백성의 역사를 기반으로 유대인들에게 긴 말씀을 전했다. 위 구절이 그 핵심 메시지이자 설교의 요약이라고 할 수 있다. 이스라엘의 역사와 교회사는 결국 두 부류의 무리로 구분해 생각할 수 있다. 성령님을 거스르고 거역하는 자와 성령님께 순복하며 그분과 동행하고 동역하는 자. 스데반 집사는 전자를 "목이 곧고 마음과 귀에 할례를 받지 못한 사람들"로 표현했다.

목이 곧지 않다는 건 '겸손함'을 나타낸다. 또한 할례는 신체 일부에 하나님의 언약을 새기는 의식으로 마음의 할례는 '헌신'을, 귀의 할례는 '순종'을 뜻한다고 볼 수 있다.

여기서 잠시 '헌신'의 의미를 풀어보자. 이 단어는 '몸을 드리다'라는 뜻의 한자어로, 몸을 드리는 건 마음을 드리

마르투스 : 증인

지 않고는 불가능하기에 '몸과 마음을 바쳐 힘을 다하다'
라는 의미를 지닌다. 이처럼 스데반이 강조한 겸손과 헌신
과 순종은 사도 바울이 빌립보서에서 말한 "그리스도 예
수의 마음"이기도 하다.

여러분 안에 이 마음을 품으십시오.

그것은 곧 **그리스도 예수의 마음**이기도 합니다.

그는 하나님의 모습을 지니셨으나,

하나님과 동등함을 당연하게 생각하지 않으시고,

오히려 자기를 비워서 종의 모습을 취하시고,

사람과 같이 되셨습니다.

그는 사람의 모양으로 나타나셔서,

자기를 낮추시고, 죽기까지 순종하셨으니,

곧 십자가에 죽기까지 하셨습니다. 빌 2:5-8

예수님을 빼닮았던 스데반 집사는 예수님처럼 성령님으
로 충만해서 은혜와 지혜와 믿음과 권능이 가득한 사역을
했다. 그의 얼굴에는 성령의 열매로 하늘의 인상이 새겨져
있었으며, 이 땅에서 예수님의 마지막과 너무도 닮은 모습
을 한 채 순교의 자리로 나아갔다.

사람들이 스데반을 돌로 칠 때에, 스데반은

"주 예수님, 내 영혼을 받아주십시오"

하고 부르짖었다. 그리고 무릎을 꿇고서 큰 소리로

"주님, 이 죄를 저 사람들에게 돌리지 마십시오"

하고 외쳤다. 이 말을 하고 스데반은 잠들었다. 행 7:59,60

예수께서 큰 소리로 부르짖어 말씀하셨다.

"아버지, 내 영혼을 아버지 손에 맡깁니다."

이 말씀을 하시고, 그는 숨을 거두셨다. 눅 23:46

[그때에 예수께서 말씀하셨다.

"아버지, 저 사람들을 용서하여주십시오.

저 사람들은 자기네가 무슨 일을 하는지를

알지 못합니다."] 그들은 제비를 뽑아서,

예수의 옷을 나누어 가졌다. 눅 23:34

　　나도 스데반 집사가 그랬듯이, 예수님처럼 사역하고 예수님처럼 사랑하며 하늘의 얼굴을 지니고 살다가 예수님처럼 고난당하고 예수님처럼 죽기를 원한다.

우리들의
사도행전

8

지극히 보잘것없는 사람
하나에게 한 것이
곧 내게 한 것이다

마 25:40

팬데믹을 통한 교훈

지상대명령은 최대 계명의 재발견으로부터

코로나19 팬데믹이 한창일 때 우리 가족은 대부분의 시간을 미국에서 보냈다. 엄격한 정부 지침으로 인해 나는 풀러신학대학원 캠퍼스를 반년 정도만 거닐 수 있었고, 막 다니기 시작했던 미국 교회의 공동체 생활도 중단해야 했다.

그러나 그 고립의 시간에 하나님께서는 친히 다른 경로로 사람의 귀함을 가르쳐주셨다. 우리 집에서 몇몇 사정이 있는 다양한 지체들과 작은 공동체를 만들어 함께 예배하고 깊이 교제하는 특별한 경험을 허락하신 거였다.

돌아보면, 선교지로의 하늘길이 막히고 집 밖에 나가지

못하는 초유의 사태까지 일어났지만, 그 와중에도 여전히 우리가 사랑하고 함께할 이웃이 있음을 알게 되었고, 그 어느 때보다 이웃 사랑을 실천할 기회가 많았던 시기였다.

하나님께서는 이 기간에 '모든 민족에게 가서 제자 삼으라' 하신 지상대명령(the Great Commission)의 길은 잠정적으로 막으시고, 이 명령을 우리가 더 잘 이해하고 순종하게 하시려고 '내가 너희를 사랑한 것같이 서로 사랑하라' 하신 최대 계명(the Great Commandment)의 의미를 깨닫게 하셨다. 이웃과의 교제와 사랑과 나눔을 통해 최대 계명의 의미를 재발견하고 구체적으로 실천함으로써 가장 근본으로 돌아가 선교 사역을 재정비하게 해주셨다.

'우리' 안에 거하시는 하나님께서 온라인 세상으로 들어오시다

그동안 교회는 '모이기를 힘쓰라'(행 2:46, 히 10:25)라는 명령을 충실히 이행하고자 교회 안에 다양한 모임을 만들었고, 이에 성실하게 참석하는 것이 하나님을 섬기는 참된 길이라 믿었다. 그러나 습관과 형식 혹은 기존의 제도를 좇다 보니 어떤 성도들은 신앙에 있어 공동체 모임의 중요성과 필요성을 충분히 이해하거나 깨닫기 힘들었다. 또한 많은 기독교인이 세상에 들어가 비기독교인과 관계 맺고 친구가 되는 일을 외면하기도 했다.

코로나19 팬데믹 기간에 교회는 모든 대면 모임이 불가능했다. 하늘은 여전히 열려있고 하나님께서는 동일하셨지만, 함께 모여 예배하지 못했고 삶을 나누거나 울고 웃을 수 없었다. 그러면서 공동체 모임이 우리 삶에 가지는 의미와 가치가 드러났다.

하나님을 믿는 백성들의 모임 가운데 역사하시는 하나님의 임재를 경험하지 못하는 것이 우리를 얼마나 답답하게 했던가! 그로 인해 많은 교회가 기존의 공동체 모임을 돌아보며 성찰했다. 공동체 모임의 본질이 무엇이고, 어떻게 해야 성도 가운데 거하시는 하나님의 임재의 능력을 다 함께 경험하며 교회 공동체가 성장할 수 있는지에 대해 근본적인 점검의 시간을 가졌다.

그리고 무엇보다 온라인 모임의 무한한 가능성을 확인하면서(나는 이 시기에 하나님나라가 힘있게 온라인 세상으로 침노하기 시작했다고 확신한다), 새로운 패러다임의 공동체 모임 및 사역 콘텐츠 개발의 필요성이 대두되었다.

나 역시 코로나19 팬데믹을 거치면서 북미 지역과 한국 등을 비롯한 세계 곳곳의 성도들과 온라인 모임을 가졌다. 이 글을 쓰고 있는 지금도 여전히 여러 성도와 온라인 공간에서 성경 공부를 하고 있으며 중보기도 모임, 제자 학교 강의, 주일예배 설교 등 다양한 섬김의 기회가 주어지고 있다.

또한 이렇게 온라인상에서 연결된 분들과 북미 선교 여행과 한국 방문 때 실제로 만나서 교제했고, 그 가운데 엄청난 은혜가 부어지는 걸 경험했다.

신앙의 본질 회복: 종교의 가면 대신 참 경건으로

너는 기도할 때에,
골방에 들어가 문을 닫고서,
숨어서 계시는 네 아버지께 기도하여라.
그리하면 숨어서 보시는 너의 아버지께서
너에게 갚아주실 것이다. 마 6:6

기도는 사람 앞에서 하는 게 아니다. 골방에 들어가 은밀히 보시는 하나님께 올려드려야 한다.

코로나19 팬데믹 때 제일 많이 들은 말은 "stay home", '집에 머물러 있어라'였다. 기도회도 갈 수 없고 집회나 부흥회도 없었다. 오직 골방만이 활짝 열려있었다.

그러므로 네가 자선을 베풀 때에는,

위선자들이 사람들에게 칭찬을 받으려고

회당과 거리에서 그렇게 하듯이,

네 앞에 나팔을 불지 말아라.

내가 진정으로 너희에게 말한다.

그들은 자기네 상을 이미 다 받았다.

너는 자선을 베풀 때에는,

오른손이 하는 일을 왼손이 모르게 하여,

네 자선 행위를 숨겨두어라.

그리하면, 남모르게 숨어서 보시는

네 아버지께서 너에게 갚아주실 것이다. 마 6:2-4

구제와 봉사의 본질도 '은밀함'이다. 오른손이 하는 일을 왼손이 몰라야 한다. 깨끗하고 흠이 없는 경건은 보여주기식 종교 활동이 아니라 빛이 닿지 않는 사각지대에 있는 자들, 환난 중에 있는 고아와 과부를 돌보는 거라고 성경은 말씀한다.

그러니 '코시국'은 구제나 봉사를 은밀히 실천하기에 제일 좋은 때였다. 깨끗하고 흠이 없는 경건을 이루며 골방에서 은밀한 기도 가운데 신앙의 본질을 점검하고 회복하는 기회의 시간이었다고 생각한다.

하나님 아버지께서 보시기에

깨끗하고 흠이 없는 경건은,

고난을 겪고 있는

고아들과 과부들을 돌보아주며,

자기를 지켜서 세속에 물들지 않게

하는 것입니다. 약 1:27

사람에게 가는 선교

: 일어나서 남쪽으로 향하여 가라(행 8:26)

한 영혼을 품고 동행하는 일

첫 책 《깨어진 그릇》에서 '사람에게 가는 선교'에 관해 나눈 바 있다. 사도행전 8장에 등장하는 빌립 집사의 이야기에 관한 묵상 역시 첫 책 에필로그에서 나누었다. 요약하면, 선교란 성령 하나님과 동역함으로써 하나님께서 그분의 섭리 가운데 허락하신 한 영혼을 찾아가 섬김의 동행을 하는 것이다.

그가 대답하기를
"나를 지도하여주는 사람이 없으니,
내가 어떻게 깨달을 수 있겠습니까?" 하고,

마르투스 : 증인

올라와서 자기 곁에 앉기를

빌립에게 청하였다. 행 8:31

그렇다. 아무도 나를 지도해주지 않는 광야 같은 인생 길에서 성령 하나님의 세밀한 인도하심과 가르치심을 따라 한 영혼을 품고 동행하는 일이 바로 선교다. 그 귀한 사역에 나를 불러주셔서 다시 한번 감사드린다.

그리스도의 마음을 가진 자

성경은 하나님께서 사람을 두루 살피시는데, 그 이유가 마음과 힘을 다해 주님을 의지하는 자를 찾으시기 위함이라고 말씀한다.

주님께서는 그 눈으로 온 땅을 두루 살피셔서,

전심전력으로 주님께 매달리는 이들을

힘있게 해주십니다. 대하 16:9 상반절

또한 주님이 이런 사람을 좋아하신다고 말씀한다.

주님의 말씀이시다.
"나의 손이 이 모든 것을 지었으며,
이 모든 것이 나의 것이다.
겸손한 사람, 회개하는 사람,
나를 경외하고 복종하는 사람,
바로 이런 사람을 내가 좋아한다." 사 66:2

바로 그런 사람이었던 바울의 고백을 들어보자.

신령한 사람은 모든 것을 판단하나,
자기는 아무에게서도 판단을 받지 않습니다.
"누가 주님의 마음을 알았습니까?
누가 그분을 가르치겠습니까?"
그러나 우리는 그리스도의 마음을
가지고 있습니다. 고전 2:15,16

바울은 자신이 그리스도의 마음을 가지고 있다고 당당
히 말했다. 다윗 역시 그런 사람이었다(행 13:22).

하나님께서는 이런 사람을 찾으신다. 우리를 세상에 보내어 이런 사람을 주께로 이끌길 원하신다. 다윗과 바울이 그랬듯, 주님의 마음을 가진 소수의 사람이 세상을 바꿔왔음을 우리는 잊지 말아야 한다.

주님께서 사무엘을 세 번째 부르셨다.

사무엘이 일어나 엘리에게 가서

"부르셨습니까? 제가 여기 왔습니다" 하고 말하였다.

그제야 엘리는, 주님께서 그 소년을

부르신다는 것을 깨닫고, 사무엘에게 일러주었다.

"가서 누워있거라. 누가 너를 부르거든

'주님, 말씀하십시오. 주님의 종이 듣고 있습니다'

하고 대답하여라."

사무엘이 자리로 돌아가서 누웠다. 삼상 3:8,9

소년 사무엘은 하나님의 음성을 들어본 적이 없었다. 그래서 엘리 제사장이 자신을 부르는 줄 알고 세 번이나 그에게 갔다. 반면에 엘리는 하나님의 음성을 듣는 법을 알았지만, 순종하지 않는 삶을 지속한 결과 더 이상 들을 수 없었다.

당신은 어느 자리에 있는가?

하나님의 음성에 청종하는 사무엘의 자리인가?

부르심을 받고도 사명을 다하지 않아 눈과 귀가 멀어버린 엘리의 자리인가?

내 평생 주님께 진정으로 드리고 싶은 고백이 있다.

"주님, 제게 말씀하십시오. 주님의 종이 귀로도 듣고, 마음으로도 듣고, 삶으로도 순종하고 있습니다!"

그리고 빌립 집사처럼 마음과 힘을 다해 주님께 매달리는 한 영혼을 찾아가 복음을 나누며 평생 살아가고 싶다.

우리들의
사도행전

9

너희는 마음에 근심하지 말아라
하나님을 믿고 또 나를 믿어라
내 아버지의 집에는 있을 곳이 많다

요 14:1,2

선교적 공동체 처소를 주시다

세 가지 환상

2021년, 안식년을 마치고 에티오피아로 돌아왔을 당시에 우리 가족은 아내가 교사로 일하던 선교사 자녀 국제학교의 사택에 들어갔다. 덕분에 학교의 배려와 도움을 받으며 일상으로의 복귀를 비교적 수월하게 할 수 있었다.

하지만 사택이 캠퍼스 안에 있어서 손님을 초대하거나 모임을 할 때 제약이 많았고, 여러 손님을 받고 싶은 우리 가족에게는 크고 작은 불편함이 따랐다.

결국 2022년 봄, 에티오피아에 복귀한 지 일 년도 지나지 않아서 이사를 결정했다. 월세가 들지 않는다는 사택의 엄청난 이점을 뒤로한 채, 집을 얻어 나가기로 한 거였다.

여러 집을 알아보던 중 지금 거주하는 집을 본 날이 또렷이 기억난다. 대문을 들어서는 순간, 주님께서 아내에게 이 집을 향한 세 가지 비전을 차례로 보여주셨다. 평소 아내는 환상을 종종 보았지만, 기도하는 중이 아닌 집 문턱을 넘어서고 있을 때 본 건 처음이라며 놀라워했다.

이 집은 그전까지 주로 국제기구 직원들이 임대해서 살았고, 사 층짜리 건물 뒤편에 이 층짜리 부속 건물과 비교적 넓은 마당도 딸린 큰 주택이었다. 기도회나 작은 세미나를 열 정도의 큰 방을 비롯해서 방이 열 개가 넘었다.

우리 부부는 집의 규모가 커서도 놀랐지만, 하나님이 보여주신 환상에 더더욱 놀랐다. 세 가지 장면을 묵상하며 집 계약을 놓고 기도하는 가운데 하나님께서 사람들을 섬기고 모임을 갖게 하시려 이 집을 우리에게 허락하셨다는 확신이 들었다. 재정 또한 채워주시리라는 믿음이 생겨났다.

그러던 중 한국에 계신 어머니로부터 전화가 왔다. 어머니는 늘 우리 가정을 위해 기도해주시는 백 권사님이 그 무렵 꾸신 꿈에 대해 말씀해주셨다.

"너희 무슨 일 있니? 권사님이 꿈을 꾸셨는데, 꿈에서 너희가 큰 집에 있다래. 그런데 글쎄, 검은 피부의 사람들이 잔뜩 앉아서 다들 그림을 그리고 있었대. 무슨 그림을 그리나 하고 들여다봤더니 사람들이 다 십자가를 그리고 있었다고 하네."

우리 부부도, 이후 우리의 설명을 들으신 어머니도 깜짝 놀랄 수밖에 없었다.

이렇듯 우리는 여러 경로로 하나님께서 이 집에 부어주시는 축복을 확인했고, 새 처소로 이사했다. 재정적 부담이 적지 않았지만, 모임 장소가 마땅치 않던 에티오피아선교교회 공동체와 간간이 수도에 올라오는 다양한 국적의 사역자들을 섬길 공간을 마련할 수 있었다(에티오피아선교교회에 관해선 '우리들의 사도행전 11'에 자세히 다루겠다. 이 교회는 아직 건물이 없어서 미국 선교 단체 건물을 주일에만 임대해서 사용하고 있다).

또한 온라인 기도 모임을 대면 모임으로 전환하면서 금요일 저녁마다 우리 집에 모여 함께 기도했다. 하나님의 마음이 더 크게 부어졌고, 우리는 하나님의 꿈을 같이 꾸기 시작했다.

이곳에서 에티오피아의 선교적 공동체가 태동하고 있음을 느낀다. 귀한 처소를 주신 주님께 찬양을 올려드린다.

주님의 스케일 _김희연선교사

나를 신뢰하느냐?

학내 사택에 산다는 건 큰 장점이고 축복이었다. 특히 에티오피아에서 집을 구하고 삶의 기반을 세팅하는 데 소모되는 시간적, 체력적, 정신적 스트레스를 줄일 수 있었다. 이후 내전으로 인해 잠시 에티오피아를 떠나있을 때도 학교 안에 집이 있어서 내심 안심했던 게 사실이다.

그러나 '앞으로 하나님이 우리를 어떻게 쓰시길 원하는 가'를 놓고 기도할 때면, 남편의 말대로 사택이 사역을 위한 최적의 장소는 아니라는 마음이 들었다. 이사 자체가 너무 힘든 이 나라에서 그 번거로운 과정을 또다시 밟아야 한다는 건 생각하기 싫었지만, 순종해야 할 것 같았다.

여기저기 집을 보러 다니며 심신이 다 지쳐버린 어느 날이었다. 수업을 마치고 사택에 돌아오는 길에 남편에게서 전화가 왔다.

"자기야, 오늘 본 집을 같이 와서 보면 좋겠어요."

"월세가 얼만데?"

"일단 보고 이야기하자."

나는 단번에 알았다. 우리가 감당할 수 없는 비싼 집이라는 걸. 현실주의자인 나는 '비저너리'(visionary), 즉 비전을 따라 늘 큰 꿈을 꾸는 남편에게 그 집이 왜 안 되는지를 또 조목조목 따져가며 설득할 생각에 한숨 섞인 걸음을 옮겼다.

그 집에 도착하니 남편이 커다란 대문 앞에 서있었다. 대문 크기만 봐도 우리 예산의 두세 배쯤 되는 큰 집일 게 분명했다. 일단 집을 봐야 남편을 더 확실히 설득할 수 있기에 대문을 열고 들어갔다.

그런데 문턱을 넘어서는 순간, 눈앞에 세 장면이 선명히 보였다. 처음은 한국인들이 모여 기도하고 예배하는 장면, 다음은 여러 나라 사람들이 한데 섞여 기도하고 예배하는 장면, 마지막은 에티오피아인들이 모여서 기도하고 예배하는 장면이었다. 가끔 기도할 때 하나님께서 이미지나 환상을 보여주신 적은 있었지만, 이렇게 집중하지 않은 일상 가운데 본 건 처음이었다.

나는 놀란 마음을 진정시키려고 하나님께 이 장면들이 무슨 뜻인지 여쭈며 집을 둘러보았다. 그러자 집 구석구석을 기도실, 예배실, 손님이나 선교사님을 위한 방 등으로 꾸며야겠다는 생각이 자꾸 들었다. 흥분과 기대감이 차올랐다. 주님이 허락하시는 장소임이 분명했다. 하지만 수중에는 그 큰 집의 월세를 감당할 재정이 없었다.

그즈음 남편은 본인이 적임자라고 확신하는 제법 괜찮은 자리에 지원해둔 상태였다. 우리 부부는 남편이 그 자리에 가게 되면 월세를 어떻게든 감당할 수 있으리라 기대하며 과감히 집을 계약했다.

그러나 하나님은 우리의 얄팍한 계산이 아닌 그분의 원대한 계획을 경험하고 신뢰하며 순종하길 원하셨다. 아니나 다를까, 우리의 기대와 주변 사람들의 확신이 무색하게, 남편의 지원서는 채택되지 못했다.

계약 파기를 고민하는 나와 충격에 휩싸인 남편에게 하나님께서는 단 한 가지를 물으셨다.

'나와 나의 계획을 신뢰하니?'

겁 많은 기드온이 미디안 군대와 맞서 싸워야 했던 순간에 하나님께서는 기드온 군대의 수가 너무 많다며 이만 이천 명을 돌려보내셨다. 심지어 나머지 만 명도 여전히 많다며 그중 충성된 삼백 명만 남기셨다. 그리고 그 삼백 용사에게 창칼이 아닌 횃불과 항아리와 나팔을 들게 하셨다.

기드온은 그 꿈 이야기와 해몽하는 말을 듣고,
주님께 경배하였다. 그리고 그는
이스라엘 진으로 돌아와서
"일어나라! 주님께서 미디안의 진을
너희 손에 넘겨주셨다!" 하고 외쳤다.
그는 삼백 명을 세 부대로 나누고,
각 사람에게 나팔과 빈 항아리를 손에 들려주었다.
빈 항아리 속에는 횃불을 감추었다. 삿 7:15,16

하나님의 음성을 들으며 믿음이 성장해가는 기드온이 대단해 보였다. 삼백 용사만 데리고 전쟁 무기도 없이 나아갔지만, 하나님이 그의 마음에 심어주신 확신과 믿음과 순종의 자세가 눈에 들어왔다.

마르투스 : 증인

우리 부부도 담대히 기도했다. 계산도 안 나오고 계획도 세울 수 없었지만, 또 기드온의 전쟁 상황에 비할 건 아니었지만, 사람의 눈으로 답이 보이지 않을 땐 분명 하나님의 답을 경험하게 되리라 기대했다.

'하나님께서 이 집뿐만 아니라 앞으로의 인생에서 내 생각과는 다른 하나님의 방법으로 그분의 일을 이뤄가시겠구나.'

그로부터 얼마 안 되어, 갑자기 집값의 육 개월치에 달하는 후원금이 들어왔다. 너무 놀라웠다. 우리가 두 손 두 발을 들자 하나님께서 강력하게 역사하신 거였다. 덕분에 무사히 잔금을 치르고 이사할 수 있었다.

그 후 우리 집에는 다양한 국적의 선교사님과 그 가족, 현지 목회자, 봉사하러 온 청년, 쉬러 온 이들이 머물다 갔다. 금요일에는 많은 사람이 모여 뜨겁게 기도했고, 마당에서 세례를 베풀기도 했으며, 에티오피아 친구들과 교제하고 예배하는 시간도 가졌다. 만남 하나하나가 정말 소중했다.

지금도 우리는 주님이 보여주신 환상대로 이 집에서 한국인, 여러 나라 사람, 에티오피아인들이 기도하고 예배하는, 돈으로 환산할 수 없는 축복을 누리고 있다.

여담이지만, 예전에는 누군가가 집에 오면 창고가 채워졌다. 까마귀가 엘리야에게 먹을 것을 날라주듯 해외에서 오신 분들이 우리 가정에 필요한 것들을 갖다주시곤 했기 때문이다. 그런데 언제부턴가 어떤 경로로든 먹거리가 들어오면 어김없이 손님이 찾아왔다. 손님에게 후히 베풀라고 때마다 공급해주시는 하나님의 손길이 참 고맙고 든든하다.

내 인생 최고의 순간

: 주여 누구시니이까(행 9:5)

바울의 세상이 무너지던 날

사람들은 흔히 질문한다. 하나님께서 바울에게는 극적으로 나타나 주셨는데 왜 자신에게는 그러질 않으시냐고. 성경 어디에도 쓰여있지 않기에 정답은 알 수 없지만, 그 이유를 추측해볼 수는 있다.

우선 바울에게는 하나님을 향한 엄청난 열심이 있었다. 그는 누구보다 하나님 섬기기를 사모했다. 어릴 때부터 바리새파 안에서도 엄격한 교육적 배경에서 자라며 구약 성경을 열심히 읽고 배워 통달한 자였던 그는(그러나 정작 그 율법의 주인공이신 예수님을 알 기회는 없었다) 확고한 신념을 최선을 다해 실천하며 자신이 믿는 정의를 구현하려

했다. 이런 하나님을 향한 열심과 자기 신념을 살아내려 애쓰는 바울의 됨됨이를 하나님께서 눈여겨보신 게 아닐까 싶다.

그러던 중 바울은 스데반 집사의 죽음을 맞닥뜨리게 된다. 비록 사람들의 외투를 맡아주며 그의 처형을 승인하는 리더 역할을 감당했지만, 스데반이 돌에 맞으면서도 자신에게 돌 던진 사람들을 위해 기도하는 모습과 그의 하늘을 우러러보는 시선과 의연하고도 평안하게 죽음을 맞이하는 모습이 바울에게 깊이 각인되었을 것이다.

이후 그가 예수님을 섬기는 자들을 소탕하기 위해 일행과 함께 다메섹으로 가던 중, 하나님의 빛이 그를 둘러 덮고 예수님의 음성이 그에게 임한다. 한 번도 들어본 적 없는 음성이었지만, 내가 그랬던 것처럼 바울도 단번에 그분이 자신이 그토록 열심히 섬기기를 원했던 주님(the LORD)임을 알았다. 단지 그는 그 주님이 바로 '예수님'이라는 사실을 몰랐을 뿐이었다.

바리새인 중의 바리새인이요, 가말리엘의 문하에서 엄격한 교육을 받아(행 22:3) 율법으로는 흠이 없는 자였으며(빌 3:6) 열심으로는 따라올 자가 없을 정도로 최선을 다해 하나님을 섬겼지만, 그에게 단 한 가지 부족한 것이 있었으니 곧 예수 그리스도를 아는 지식이었다.

> [그러나] 나는 내게 이로웠던 것은
> 무엇이든지 그리스도 때문에
> 해로운 것으로 여기게 되었습니다.
> 그뿐만 아니라, **내 주 예수 그리스도를**
> **아는 지식**이 가장 고귀하므로,
> 나는 그 밖의 모든 것을 해로 여깁니다.
> 나는 그리스도 때문에 모든 것을 잃었고,
> 그 모든 것을 오물로 여깁니다.
> 나는 그리스도를 얻고, 그리스도 안에 있는
> 사람으로 인정받으려고 합니다.
> 나는 율법에서 생기는 나 스스로의 의가 아니라,
> 그리스도를 믿는 믿음으로 말미암아 오는 의
> 곧 믿음에 근거하여, 하나님에게서 오는 의를
> 얻으려고 합니다. 빌 3:7-9

예수님은 바울에게 자신을 '네가 핍박하는 자들이 믿는 예수'라고 소개하지 않으시고, 핍박당하는 자들과 동일시하셔서 '네가 지금 나를 핍박하고 있다'라고 말씀하셨다.

그 순간 바울의 세상은 무너져 내렸다.

"그는 땅에 엎어졌다"(행 9:4).

자신이 했던 모든 일이 여태 온 삶을 드려 섬기고자 했던 그 전능하신 하나님을 대적하고 핍박하는 일이었기 때문이다.

스스로 굳게 믿어온 것들이 붕괴되는 경험을 하는 건 큰 축복이라고 생각한다. 그렇게 한 번 꺾이고 무너져 내릴 때 우리의 심령은 가난해지며 그것이 하나님나라로 인도하는 동력이 되기 때문이다.

마음이 가난한 사람은 복이 있다.
하늘나라가 그들의 것이다.
슬퍼하는 사람은 복이 있다.
하나님이 그들을 위로하실 것이다. 마 5:3,4

그렇다. 하나님을 만나는 자리는 자신의 세상이 철저히 무너져 그분 앞에 엎드러지는 바로 그 자리다.

자세가 바뀌면 보이는 것도 바뀐다

예수님의 빛이 임한 후, 바울은 땅을 짚고 일어나 눈을 떴다. 그러나 아무것도 보이지 않았다. 결국 그는 손을 휘적이며 "사람의 손에 끌려" 다메섹으로 들어갔다(행 9:8). 바울은 더 이상 삶을 스스로 개척할 수도, 누군가의 도움 없이는 한 발자국을 나아갈 수도 없는 신세가 되었다.

그 정도까지는 아니지만, 나도 몸이 몹시 불편해져서 많은 경우에 사람들의 도움이 필요한 상황이 되었다. 얼마나 감사한 일인가. 연약해져 버린 자신을 보며 하나님의 은혜를 더욱 갈구하고 깊이 감사하게 되었으니 말이다.

2022년 여름, 아이티에 다녀오던 중에 왼발을 심하게 접질렀다. 병원에 가보니 오른쪽 장비골근 힘줄 파열(tendon rupture)이라고 했다. 한국에 돌아와 수술을 받고 약 칠 주 이상 발을 땅에 디딜 수 없었다. 거의 두 달간 휠체어 생활을 했고, 이후 조금씩 서서 재활 운동을 했다.

처음 일어섰을 때의 감격을 지금도 기억한다.

'아, 내가 이 시선에서 세상을 봤었지. 보이는 게 완전히 달라지는구나.'

앉아서 지내던 때와 눈높이가 달라지자 보이는 사물과 사람의 모습도 달라졌다. 나는 휠체어 생활을 하며 보고 느꼈던 세상살이의 어려움과 고통으로 인해 하나님께 감사드렸다. 그 두 달은 내게 또 다른 겸손과 포용과 공감의 능력을 길러준 귀중한 시간이었다.

기뻐하는 사람들과 함께 기뻐하고,
우는 사람들과 함께 우십시오. 롬 12:15

그는 몸소 시험을 받아서 고난을 당하셨으므로,
시험을 받는 사람들을 도우실 수 있습니다. 히 2:18

아나니아를 만나 아나니아가 되어라

눈이 멀어 다른 이에게 의지해야만 했던 바울에게 하나님께서는 신실한 그리스도인 형제 아나니아를 보내주셨다. 주님이 직접 바울의 눈을 뜨게 해주실 수도 있었을 텐데 굳이 다른 형제가 와서 안수하여 기도함으로 그의 눈이 뜨였다.

이처럼 하나님은 우리에게 도움을 줄 누군가가 있음을 알려주길 원하신다. 지체들의 도움으로 삶의 어려움을 극복하고 성령충만을 경험하며 하나님 안에서 새롭게 변화될 수 있음을 가르쳐주신다. 우리 모두에게는 그리스도인 공동체, 아나니아와 같은 형제자매가 필요하다. 그리고 나 또한 아나니아가 되어서 다른 형제자매를 중보하고 그들에게 사랑을 베푸는 것이 주님의 선하신 뜻이다.

여기서 한 가지 짚고 싶은 부분이 있다.

그래서 아나니아가 떠나서,

그 집에 들어가, 사울에게 손을 얹고

"형제 사울이여, 그대가 오는 도중에

그대에게 나타나신 주 예수께서 나를 보내셨소.

그것은 그대가 시력을 회복하고,

성령으로 충만하게 되도록 하시려는 것이오"

하고 말하였다. 행 9:17

앞서 주님이 아나니아에게 주신 지침에는 그가 손을 얹어서 기도할 때 바울이 성령으로 충만케 된다는 내용은 담겨있지 않았다(행 9:12). 그런데 왜 아나니아는 '그대가 성령으로 충만케 되도록 하시려는 것'이라고 말했을까?

아마도 그 당시 그리스도인 공동체에서 서로를 위해 기도해줄 때 성령으로 충만케 되는 것은 굳이 주님이 언급하지 않으셔도 당연한 일이었지 않았을까 싶다. 초대 교회에서는 서로 손을 얹고 기도해주며 성령충만을 경험하는 일이 일상이었던 것이다.

> 그러는 동안에 교회는 유대와 갈릴리와
> 사마리아 온 지역에 걸쳐서
> 평화를 누리면서 튼튼히 서갔고,
> **주님을 두려워하는 마음과 성령의 위로**로
> 정진해서, 그 수가 점점 늘어갔다. 행 9:31

이제 복음은 유대와 갈릴리 그리고 사마리아 지역까지 강하게 역사하고 있었다. 교회 성장의 두 가지 중요한 요소인 "주님을 두려워하는 마음"과 "성령의 위로"를 힘입어 교회는 정진해서 지속적 성장을 이루어갔다. 이스라엘을 넘어 열방을 향해 뻗쳐 나가는 순간이었다.

우리들의
사도행전

10

멀리 가려면
함께 가야 합니다

두 번째 선교 여행

혼자가 아닌 몸을 이루라

2022년 여름, 하나님께서는 내게 미국 로스앤젤레스에서부터 뉴저지까지 이어지는 여정을 허락하셨다. 남가주사랑의교회, 댈러스 세미한교회, 하트포드제일장로교회 등 처음 방문한 교회에서의 집회와 헬렌 김 선교사님의 요청으로 방문한 아이티 여정, 그리고 시애틀과 시카고 등지의 온라인 성경 공부를 함께하는 성도 심방까지, 실로 풍성하고 감사한 시간이었다.

그러나 (앞서 말했듯이) 혼자서 일정을 소화하다가 아이티에서 미국으로 돌아오는 길에 그만 발목이 접질리고 말았다. 나는 이따금 느껴지는 통증을 대수롭지 않게 여기며 그 후에도 약 삼 주간이나 집회를 다녔다.

한 달 반가량의 긴 일정을 마치고 에티오피아로 귀국하는 비행기에서 기도하고 말씀을 보는데, 하나님께서 에티오피아의 동료 선교사 가정들을 생각나게 하셨다. 그러면서 분명하게 말씀하셨다.

'너 혼자서 할 수 있는 일이 아니란다. 몸을 이루어 하라고 준 일이야.'

줄곧 공동체를 통해 일하시는 하나님의 선교에 대해 말씀을 전해왔지만, 정작 우리 가정은 거의 나 혼자 사역하고 있었다. 나뿐 아니라 몇몇 선교사님의 가정 역시 사랑으로 교제하고 서로 기도하기는 하나 대부분 각개전투 중이었다.

돌아오는 열세 시간 반 동안 나는 격양된 마음으로 기도에 몰두하며 하나님 음성에 더욱 집중했다. 순간순간 떠올려주시는 선교사 가정들을 노트에 적어 내려가며 여쭈었다.

'이들과 함께 무얼 어떻게 하면 좋을까요?'

주님은 더 이상 구체적인 말씀을 주시지 않았다.

귀국하자마자 비행기에서 마음을 받은 여섯 가정에 메시지를 보내 함께 사역하기를 기도해보자고 제안했다. 이들은 연초부터 기도회를 통해 매주 모이는 가정들이었다 (이 기도회에 대해서는 '우리들의 사도행전 12'에 소개하겠다).

그런데 에티오피아 귀국 직후에, 미국에서 발목 통증 때문에 찍은 MRI 검사 결과가 날아왔다. '근육 힘줄 파열'이었다. 그래서 불과 사흘 만에 다시 한국에 가서 수술을 받아야 했고, 두 달이 넘는 재활 기간을 거쳐 두 달 반 후에야 에티오피아로 돌아올 수 있었다.

자연히 동역에 대한 논의는 더 진전되지 못했다. 하지만 낙망하거나 조급하지 않았다. 주님이 말씀하셨으니 차차 이루실 거라고 믿었다. 나는 간신히 에티오피아로 돌아와 다시 기도 모임을 열심히 섬기기 시작했다.

다음은 2022년 말, 우리 가정의 중보자들에게 보냈던 기도 편지의 일부다.

기도 편지(2022년 10월 10일)

그리스도는 우리의 평화이십니다.

그리스도께서는 유대 사람과 이방 사람이

양쪽으로 갈라져 있는 것을 하나로 만드신 분이십니다.

그분은 유대 사람과 이방 사람 사이를 가르는 담을

자기 몸으로 허무셔서, 원수 된 것을 없애시고,

여러 가지 조문으로 된 계명의 율법을 폐하셨습니다.

그분은 이 둘을 자기 안에서 하나의 새 사람으로 만들어서

평화를 이루시고, 원수 된 것을 십자가로 소멸하시고

이 둘을 한 몸으로 만드셔서, 하나님과 화해시키셨습니다.

그분은 오셔서 멀리 떨어져 있는 여러분에게

평화를 전하셨으며, 가까이 있는 사람들에게도

평화를 전하셨습니다. 이방 사람과 유대 사람 양쪽 모두,

그리스도를 통하여 한 성령 안에서

아버지께 나아가게 되었습니다. 엡 2:14-18

에티오피아 아디스 아바바에서 예수님의 이름으로 사랑과 감
사를 담아 문안드립니다.

위 말씀은 에티오피아를 위해 동료 선교사님들과 함께 기도하던 중, 현재 주요 종족들 간의 뿌리 깊은 반목과 갈등으로 내전 상황의 어려움 속에 있는 이 땅을 위한 비전이자 약속으로 받은 말씀입니다.

평화와 안정의 기미가 희미하기만 한 현실 속에서 우리에게 말씀하시는 내용은 '예수님이 우리의 평화이시고, 그리스도의 십자가만이 서로 간에 원수 된 것을 소멸하며, 성령 하나님께서 예수 그리스도를 통해 우리 모두를 하나님 아버지께 나아가게 하신다'라는 것입니다.

당연한 것 아닌가 하시는 분이 계실지도 모르겠습니다만, 저는 이 가장 근본적인 진리를 붙들고 사역에 임하고자 합니다. 예수님, 십자가, 성령 하나님의 역사하심만 전하는 사역자가 되기를 기도합니다.

오른쪽 발목 근육 힘줄 파열로 봉합 수술 후 재활 중

지난 기도 편지(2022년 7월 4일) 이후 많은 일이 있었습니다. 아내가 보내 드렸던 긴급 기도 편지를 받은 분은 아시겠지만, 미국 집회 여정 중 오른쪽 발목을 접질렀습니다. 미국에서 출국 직전에 시행한 MRI 검사상 장비골근 힘줄 파열 소견을 에티오피아에 돌아와서야 알게 되어, 한국에 가서 7월 19일 재건 수술을 받았습니다. 파킨슨병으로 왼쪽 다리가 더 불편한 저는 수술 후 칠 주간 오른발을 땅에 딛지 말라는 권고를 듣고 만만치 않은 재활 기간을 거쳤습니다. 에티오피아로 돌아온 지금 오른발의 힘이 많이 약해진 상태입니다. 온전히 회복되도록 지속적인 중보기도 부탁드립니다.

에티오피아선교교회 전임 사역자로 부르시다

미국에서 말씀 사역 일정을 마치고 귀국하는 길에 주님께서 팀을 이루어 사역할 것을 분명하게 말씀해주셨습니다. 그래서 장기간 북부 지역 티그라이 민족을 섬겨오다가 그 지역이 내전에 휩싸인 후 일 년 전에 수도로 내려와서 한인 선교사들이 주축을 이루는 교회 공동체의 담임 목회를 시작한 이재훈(목사님), 김효진(사모님) 선교사님 가정과 팀을 이루어 사역하기로 결정했습니다.

10월에 두 분이 담임 목회 중인 에티오피아선교교회의 전임 선교사로 임명받았고, 주중 기도 모임 인도와 성경 공부 양육 그리고 매달 한 번의 주일 설교 등을 비롯한 교회 사역 전반에 함께하기로 했습니다. 충성된 일꾼으로 교회를 섬기고, 또 다른 가정과의 동역으로도 확장되며, 하나님이 기뻐하시는 사역으로 잘 성장해가기를 기도 부탁드립니다. (이하 생략)

나는 수술 후 근육이 많이 소실되었다. 원래 파킨슨병으로 약해진 왼발뿐 아니라 장시간 땅을 딛질 못한 오른발도 약해져 재활 과정이 쉽지 않았다.

하나님께서는 아주 서서히 돌아오는 근력처럼 말씀과 기도로 내게 영적인 힘을 서서히 더해가시며 '몸으로 하는 선교'를 준비하게 하셨다.

무엇보다 기도 모임을 통해 말씀을 주심으로써 비전을 구체화시켜주셨다. 나는 에베소서 2장 말씀을 붙들고 하나님의 인도하심을 구하며 팀 사역을 함께할 지체들을 모아주시길 기도했다.

세 번째 열린 하늘

: 의심하지 말고 함께 가라 (행 10:20)

하나님의 사람을 향한 성령의 인도하심

가이사랴에 고넬료라는 사람이 있었는데,

그는 이탈리아 부대라는 로마 군대의 백부장이었다.

그는 경건한 사람으로 온 가족과 더불어

하나님을 두려워하며, 유대 백성에게 자선을 많이 베풀며,

늘 하나님께 기도하는 사람이었다. 행 10:1,2

당시 예루살렘 교회는 힘있게 성장했지만 복음은 이스라엘 안에서만 전해지고 있었다. 사도들 역시 이방인에 대한 편견을 여전히 버리지 못했다. 그러나 사도행전 10장에서 하나님은 고넬료라는 이방인이자 기도와 구제에 힘

썼던 하나님의 사람을 등장시키며 패러다임의 전환을 이루셨다.

> 고넬료가 천사를 주시하여 보고, 두려워서 물었다.
> "천사님, 무슨 일입니까?" 천사가 대답하였다.
> "네 기도와 자선 행위가 하나님 앞에 상달되어서,
> 하나님께서 기억하고 계신다.
> 이제, 욥바로 사람을 보내어, 베드로라고도 하는
> 시몬이라는 사람을 데려오너라." 행 10:4,5

하나님께서는 고넬료의 기도와 자선 행위를 기억하고 계셨다. 그리고 천사를 시켜, 고넬료에게 베드로가 묵는 곳을 상세히 알려주며 그를 데려오라고 지시하셨다.

하나님께서는 작정하시면, 그분의 사람들이 만나야 할 사람을 만날 수 있도록 구체적으로 인도해주신다.

> 그에게 말하던 천사가 떠났을 때에,
> 고넬료는 하인 두 사람과 자기 부하 가운데서
> 경건한 병사 하나를 불러서, 모든 일을 이야기해주고,
> 그들을 욥바로 보냈다. 행 10:7,8

하나님의 사람은 하나님의 뜻을 깨달으면 지체하지 않고 즉시 순종한다. 또한 경건한 자들을 선별해서 주의 일을 맡긴다. 고넬료는 천사가 떠나자마자 경건한 부하를 불러서 베드로를 데려오도록 지시했다. 그 부하가 베드로가 머물던 욥바에 거의 당도한 그 시각에 베드로는 기도 중이었다. 그런데 그에게 하늘이 열리게 된다. 신약성경에서 하늘이 열린 세 번째 순간이었다.

> 그는, 하늘이 열리고, 큰 보자기 같은 그릇이
> 네 귀퉁이가 끈에 매달려서 땅으로
> 드리워져 내려오는 것을 보았다.
> 그 안에는 온갖 네발짐승들과 땅에 기어다니는 것들과
> 공중의 새들이 골고루 들어있었다.
> 그때에 "베드로야, 일어나서 잡아먹어라"
> 하는 음성이 들려왔다. 행 10:11-13

예루살렘 교회의 지도자였던 베드로는 사도행전 9장에서 중풍병자 애니아도 회복시키고 죽은 도르가도 살려내는 등 하나님의 능력을 드러내는 사도였지만, 이방 선교에 대한 편견을 버리지 못하고 있었다. 그런 그에게 하나님께

서 친히 하늘을 열어 새로운 패러다임을 가르쳐주셨다.

베드로가 대답하였다.

"주님, 절대로 그럴 수 없습니다.

나는 속되고 부정한 것은

한 번도 먹은 일이 없습니다."

그랬더니 두 번째로 음성이 다시 들려왔다.

"하나님께서 깨끗하게 하신 것을

속되다고 하지 말아라." 행 10:14,15

그러고 나서 천사가 아닌 성령 하나님의 음성이 베드로에게 들려왔다. 베드로가 헷갈리지 않도록 "세 사람"이 그를 찾는다고 말씀하시며 '의심하지 말고 함께 갈 것'을 당부하셨다.

베드로가 그 환상을 곰곰이 생각하고 있는데

성령께서 말씀하셨다.

"보아라, 세 사람이 너를 찾고 있다.

일어나서 내려가거라. 그들은 내가 보낸 사람들이니,

의심하지 말고 함께 가거라." 행 10:19,20

마르투스 : 증인

이 대목은 선교의 정의를 다시금 분명히 알게 해준다. 선교는 철저히 성령께서 주도하시는 일이다. 선교사는 언어나 문화 등 모든 면이 낯선 선교지에서 이방인으로서 현지인을 복음화하기 위해 모든 결정마다 성령님의 인도하심을 구해야 한다. 우리를 진리 가운데로 인도하시는 성령님이 주체가 되시도록 방향키를 내어드려야 한다.

베드로와 바울, 패러다임이 바뀐 사람들

베드로가 입을 열어 말하였다.
"나는 참으로, 하나님께서는 사람을
외모로 가리지 아니하시는 분이시고,
하나님을 두려워하며, 의를 행하는 사람은
그가 어느 민족에 속하여 있든지,
다 받아주신다는 것을 깨달았습니다." 행 10:34,35

하나님께서는 사도행전 9장에서 바울의 세상을 뒤집어놓으셨고, 10장에서 사도 베드로의 묵은 패러다임을 깨부수셨다. 우리는 각자의 고집과 편견을 깨고 하나님의 관점으로 세상과 사역과 영혼을 바라봐야 한다. 그러려면 지혜와 계시의 영이신 성령님의 도움이 반드시 필요하다.

> 우리 주 예수 그리스도의 하나님이신
> 영광의 아버지께서 지혜와 계시의 영을
> 여러분에게 주셔서, 하나님을 알게 하시고 엡 1:17

베드로의 말씀 선포가 채 끝나기도 전에, 성령께서 이미 고넬료와 그 집안의 모든 사람에게 임하셨다. 성령께서 이 순간을 얼마나 고대하셨을까! 너무 기쁘신 나머지 기다리지 못하고 먼저 임하신 게 아니었을까!

베드로처럼 내 안의 묵은 패러다임을 깨고, 하나님이 기억하시고 성령께서 기뻐하시는 고넬료와 같은 이들을 위해 삶을 드리길 원한다.

> 베드로가 이런 말을 하고 있을 때에,
> 그 말을 듣는 모든 사람에게 성령이 내리셨다.
> 할례를 받은 사람들 가운데서 믿게 된 사람으로서
> 베드로와 함께 온 사람들은, 이방 사람들에게도
> 성령을 선물로 부어주신 사실에 놀랐다. 행 10:44,45

우리들의
사도행전

11

주님을 사랑합니다
주님이 세우신 교회를 사랑합니다

에티오피아선교교회

선교의 비전을 품고 동역하는 교회

에티오피아에는 두 한인 교회가 있다. 하나는 명성교회에서 세운 명성기독병원 안에 있고, 또 하나는 선교사들이 주축이 되어 자생적으로 생겨난 '에티오피아선교교회'다. 후자는 오랫동안 '에티오피아한인교회'로 불리다가 2021년 여름에 부임한 이재훈 선교사님 부부에 의해 새로운 정체성을 갖게 되었다.

이재훈 선교사님 부부는 우리 부부와 같은 해인 2013년에 에티오피아에 왔다. 두 분은 오랫동안 북부 메켈레 지역에서 사역했는데, 그곳이 앞서 언급한 내전의 중심지가 되면서 사역이 어려워지자 수도로 옮겨왔다. 그 후 한인

마르투스 : 증인

교회 목회의 비전을 받아 '선교에 동참하고 협력하는 교회'를 꿈꾸며 에티오피아한인교회를 '에티오피아선교교회'로 재개척했다(처음에는 교회를 아예 새로 개척하려 했으나 기존 교회의 리더십과 논의하면서 정체성만 바꾸어 함께 가기로 했다고 한다).

전부터 아내와 나는 이 선교사님 부부가 여러 한인 선교사와 사역자를 살뜰히 챙기는 모습을 보며 그 귀한 은사로 한인 교회 목회를 하길 권했었다.

나는 재개척 소식을 듣고 기쁜 마음에 이재훈 선교사님에게 전화를 걸었다. 이 선교사님이 내게 말했다.

"형님, 하나님께서 한인 교회 목회의 마음을 부어주셨어요. 돌아오시면 함께 동역해주시면 좋겠습니다."

당시 우리 가족은 안식년을 보내고 있었다. 나는 에티오피아로 돌아가면 또 이야기하자고 한 다음 전화를 끊었다.

시간이 흘러 2021년 8월, 우리 가족은 안식년을 마치고 에티오피아에 재입국했다가 얼마 지나지 않아 발발한 내전 때문에 다시 국외 선교 여행을 하고 선교지로 돌아왔다. 이후 앞으로의 사역 방향을 놓고 기도하던 중에 주님은 동역과 공동체 형성에 헌신할 것을 계속해서 말씀하셨다. 이것을 사인으로 우리는 이재훈 선교사님과 동역하며 기도 모임을 이끌기 시작했다(에티오피아선교교회의 전임 사역은 일 년간 한시적으로 맡았다. 지금은 현지인 선교 훈련 사역에 더 집중하기 위해 다른 선교사들과 같은 위치에서 교회를 섬기고 있다. 새롭게 시작한 교회가 자리를 잡고 틀을 갖추는 데 조금이나마 힘을 보탤 수 있어 감사했다).

동역의 유익

에티오피아선교교회는 에티오피아에 거주하는 한인들만을 위한 공동체가 아니라 에티오피아 선교를 향한 비전과 열정을 가지고 있다. 신기하게도 주님은 이 선교사님 부부뿐만 아니라 같은 소망을 품은 선교사님 가정들을 모아주셔서, 여러 모양으로 헌신하고 동역하는 귀한 관계들이 생겨나게 하셨다.

'몸으로 하는 선교'를 아무리 간절히 원한다 해도 각자의 바람만으로는 이뤄질 수 없었을 터, 하나님께서는 이미 그분의 일을 이뤄가고 계셨다.

혼자보다는 둘이 더 낫다.

두 사람이 함께 일할 때에,

더 좋은 결과를 얻을 수 있기 때문이다.

그 가운데 하나가 넘어지면,

다른 한 사람이 자기의 동무를 일으켜 줄 수 있다.

그러나 혼자 가다가 넘어지면,

딱하게도, 일으켜 줄 사람이 없다.

또 둘이 누우면 따뜻하지만,

혼자라면 어찌 따뜻하겠는가?

혼자 싸우면 지지만,

둘이 힘을 합하면 적에게 맞설 수 있다.

세 겹줄은 쉽게 끊어지지 않는다. 전 4:9-12

이 전도서 말씀은 '동역의 유익'을 잘 설명해준다. 그 핵심 내용을 요약하면 아래와 같다.

1. 함께 일하여 더 좋은 결과를 얻는다(9절)
2. 함께 있어 서로를 회복시킨다: 회복탄력성(제자리로 돌아오는 힘을 일컫는 말로 심리학에서는 주로 시련이나 고난을 이겨내는 긍정적인 힘의 의미로 쓰인다, 10절)

3. 함께 있어 생명의 온기를 주고받는다: 함께 누움으로 얻는 따뜻함(11절)

4. 함께 있어 서로를 지켜준다: 둘이 힘을 합하면 적에게 맞설 수 있음(12절)

그 무렵부터 주님은 내게 빌립보서를 묵상하게 하셨다. 복음을 위해 한마음으로 굳게 서고(빌 1:27), 서로 자기보다 남을 낫게 여기며(빌 2:3), 자신의 필요만 살피지 말고 서로의 필요를 돌아보고(빌 2:4), 무엇보다 자신의 권리를 포기하고 종의 모습을 취하시며 십자가에서 죽기까지 순종하신 그리스도의 마음을 품는 사람이 될 것을 말씀하셨다(빌 2:5-8).

아마도 위에 언급한 대로 수많은 동역의 유익이 있지만, 한마음 한뜻으로 사역하기가 쉽지 않기에 주님이 계속해서 말씀으로 우리를 붙들고 인도해주셨다고 생각한다. 주님은 생명의 말씀으로 우리의 걸음걸음을 인도해주시는 분이다.

예수께서 대답하셨다.

"성경에 기록하기를

'사람이 빵으로만 살 것이 아니라,

하나님의 입에서 나오는

모든 말씀으로 살 것이다' 하였다." 마 4:4

그리스도인이라 불리는 사람들

: 비로소 그리스도인이라 일컬음을 받게 되었더라 (행 11:26)

최초의 이방 선교 공동체

"그러므로 하나님께서는,

우리가 주 예수 그리스도를 믿을 때에

우리에게 주신 것과 같은 선물을

그들에게 주셨는데, 내가 누구이기에

감히 하나님을 거역할 수 있겠습니까?"

이 말을 듣고 그들은 잠잠하였다.

그들은 하나님께 영광을 돌리고

"이제 하나님께서는, 이방 사람들에게도

회개하여 생명에 이르는 길을 열어주셨다"

하고 말하였다. 행 11:17,18

마르투스 : 증인

하나님께서는 초대 교회의 가장 큰 리더십이었던 사도 베드로에게 친히 역사하셔서 '이방인을 위한 선교'로의 패러다임 전환을 이루셨다.

사도 베드로는 그의 눈앞에서 자신의 설교가 채 끝나기도 전에 모여있던 모든 이방인에게 성령님의 역사가 부어지는 것을 목도했고, 강력한 증인으로서 이방 선교를 향한 하나님의 계획을 공동체 모두에게 알리는 역할을 감당했다. 그러한 성령님의 세밀한 역사하심과 더불어 하나님께서는 이방 선교를 위한 공동체인 '안디옥 교회'를 준비하고 계셨다.

스데반에게 가해진 박해 때문에 흩어진 사람들이

페니키아와 키프로스와 안디옥까지 가서,

유대 사람들에게만 말씀을 전하였다.

그런데 그들 가운데는 키프로스 사람과

구레네 사람 몇이 있었는데,

그들은 안디옥에 이르러서,

그리스 사람들에게도 말을 하여 주 예수를 전하였다.

주님의 손이 그들과 함께하시니,

수많은 사람이 믿고 주님께로 돌아왔다. 행 11:19-21

하나님께서는 사도 베드로에게 환상을 보이시고, 고넬료 가족과의 역사적 만남을 통해 이방 선교의 정당성을 깨닫게 하셨다. 그리고 스데반 집사의 순교로 인해 흩어진 무명의 신자들의 선교를 통해서 안디옥에 새로운 공동체를 만드셨다. 바로 안디옥 교회였다.

마치 에티오피아 선교사들에게 에티오피아선교교회라는 선교적 공동체를 주시고, 나를 포함해 여러 선교사가 몸을 이루어 선교하는 비전을 부어주신 것과 흡사하다.

예루살렘 교회가 이 소식을 듣고서,
바나바를 안디옥으로 보냈다.
바나바가 가서, 하나님의 은혜가
내린 것을 보고 기뻐하였고,
모든 사람에게 굳센 마음으로
주님을 의지하라고 권하였다.
바나바는 착한 사람이요,
성령과 믿음이 충만한 사람이었다.
그래서 많은 사람이 주님께로 나아왔다.
바나바는 사울을 찾으려고 다소로 가서,
그를 만나 안디옥으로 데려왔다.

두 사람은 일 년 동안 줄곧 거기에 머물면서,

교회에서 모임을 가지고, 많은 사람을 가르쳤다. 행 11:22-26

예루살렘 교회는 그리스인들 위주로 생겨난 공동체를 위해서 바나바를 안디옥으로 보냈다. 그는 키프로스 출신(행 4:36)으로 지역 문화에 익숙하면서도, 사람들을 격려와 조언으로 잘 세우는 권면의 지도자이며 성령과 믿음이 충만한 사람이었다.

바나바는 당시 유대적 배경으로만 구성된 예루살렘 교회의 리더십과 대조되는 '글로벌 리더'로서 다양한 문화를 이해하고 다양한 사람을 세울 줄 아는 '사울'(사도 바울)을 데려와 진취적인 선교 공동체를 견고히 다져나갔다.

그리스도인이라 불리다

제자들은 안디옥에서 **처음으로**

'**그리스도인**'이라고 불리었다. 행 11:26

저자인 누가는 "처음으로"라는 표현을 써서 그 특별한

의미를 부각시키려 한 것 같다. 그렇다. 예수 그리스도를 사랑하고 그분의 삶을 본받으려 했던 신자들의 삶이 사람들에게 인식되어 "그리스도인"(Christian) 곧 '그리스도를 닮은 자들'(Christ-like people)이라는 별칭을 얻기 시작한 거였다.

사실 그리스도인이라는 표현 자체는, 오늘날 세상이 기독교인을 비방할 때 냉소적인 어투로 '예수쟁이'라 부르는 것처럼 당시에 그다지 좋은 의미로 쓰이지는 않았다고 한다. 그러나 여기서 누가의 표현은 '예수 그리스도'라는 이름의 권위와 그 아름다움을 아는 자로서 긍정적인 관점에서 특별한 의미를 담아낸 것으로 보인다.

나 또한 '골수 예수쟁이'로 불려도 상관없다. 아니, 그렇게 불리고 싶다. 어느 찬양 가사처럼 내 삶의 작은 일부라도 그분을 닮길 소망한다. 내가 소천한 후에 '예수님을 빼닮았던 사람'으로 오래도록 기억되길 간절히 바란다.

우리들의
사도행전

12

오직 주님을 소망으로 삼는 사람은
새 힘을 얻으리니

사 40:31

에티오피아 선교의 영적 충전소

공동체 기도의 능력

우리 가족이 에티오피아로 돌아온 2021년 여름은 아직 코로나19 팬데믹의 여파가 남아있던 시절이라 대면 모임이 활성화되지 못하고 있었다. 에티오피아선교교회에 합류한 우리는 공동체 기도 모임을 온라인으로 진행하자고 제안했다. 모여서 함께 하진 못하더라도 기도 없이 공동체의 부흥은 생각조차 할 수 없었기 때문이다.

어떤 사람들의 습관처럼,

우리는 모이기를 그만하지 말고,

서로 격려하여 그날이

가까워 오는 것을 볼수록,

더욱 힘써 모입시다. 히 10:25

온라인 기도 모임을 할 때면 인터넷이 느려서 자꾸만 창이 정지되고 단체 방에서 떨어져 나와 몇 번씩 다시 접속해야 하기도 했다. 온종일 정전인 날에는 휴대용 컴퓨터의 배터리가 부족해서 기도회에 참여하지 못하는 일도 있었다.

하지만 상황이 열악할수록 더 간절히 기도하며 모임을 섬겼고, 매주 성령 하나님의 임재와 우리 상황에 꼭 맞는 말씀들이 부어져서 모두가 모임을 사모했다. 또 얼마 후부터는 이사한 집에 매주 모여 뜨겁게 기도하는 모임으로 발전해갔다('우리들의 사도행전 9' 참조).

코로나19 팬데믹으로 한동안 모이지 못했기에 목마름이 컸던 우리는 모여서 기도할 때마다 하나님의 특별한 은혜를 느꼈다. 함께 하나님나라를 꿈꾸며 넘치는 은혜 속에서 가슴이 벅차올랐다.

이사야서를 읽으며 기도할 때는 '회복'을 향한 하나님의 마음이 부어졌고, 함께함의 의미를 되새기며 공동체를 세워갔다. 느헤미야서를 통해서는 공동체를 회복하시는 '하나님의 지혜'와 '리더십의 역할' 그리고 '영적 전쟁의 실체'를 배울 수 있었다. 공동체를 세우기 위해, 기도와 말씀 묵상과 전심으로 드리는 예배만큼 좋은 게 없다고 확신했다.

"나도 너에게 말한다. 너는 베드로다.

나는 이 반석 위에다가 내 교회를 세우겠다.

죽음의 문들이 그것을 이기지 못할 것이다.

내가 너에게 하늘나라의 열쇠를 주겠다.

네가 무엇이든지 땅에서 매면 하늘에서도 매일 것이요,

땅에서 풀면 하늘에서도 풀릴 것이다." 마 16:18,19

"내가 진정으로 너희에게 말한다.

무엇이든지, 너희가 땅에서 매는 것은

하늘에서도 매일 것이요,

땅에서 푸는 것은 하늘에서도 풀릴 것이다.

내가 [진정으로] 거듭 너희에게 말한다.

땅에서 너희 가운데 두 사람이 합심하여

무슨 일이든지 구하면, 하늘에 계신

내 아버지께서 그들에게 이루어주실 것이다.

두세 사람이 내 이름으로 모여있는 자리,

거기에 내가 그들 가운데 있다." 마 18:18-20

마르투스 : 증인

마태복음에서 예수님은 '교회'에 대해 두 번 언급하신다. 하나는 앞서 인용한 16장 말씀에, 또 하나는 두 번째로 인용한 구절의 바로 앞 절인 18장 17절에 나온다.

그 내용을 보면, 예수님이 교회에 대해 말씀하실 때마다 묶고 푸는 권세를 언급하시며 그 능력을 가르쳐주셨음을 알 수 있다. 예수님을 믿는 자들이 공동체를 이뤄서 그분의 이름으로 모여 합심(stand in agreement)하여 기도하는 것, 바로 '공동체 기도의 능력'을 강조하신 것이다.

이를 간단히 말하면 '묶고 푸는 권세'다. 그냥 놔둬서는 안 될 것을 묶어버리고, 묶이고 속박된 것을 자유케 하는 일. 곧 예수님은 이 세상 어둠의 권세를 결박하고 흑암의 권세에 묶인 사람들과 영역을 풀어 자유케 하는 하나님나라의 사역을 가르쳐주신 거였다.

"네가 나를 부르면,

내가 너에게 응답하겠고,

네가 모르는 크고 놀라운 비밀을

너에게 알려주겠다." 렘 33:3

금요 기도회 초창기 모습

당시 나는 공동체를 이루어 사역하라는 마음은 받았지만, 어떻게 공동체를 만들고 무슨 사역을 할지에 관한 비전은 아직 받지 못했었다. 그런데 공동체 기도의 능력을 맛보고 말씀을 읽으며 깨달았다.

'주님을 불러야 하는구나. 그래야 주님이 응답하시고 우리가 알지 못하는 크고 놀라운 비밀을 알려주시는구나.'

그때부터 하나님의 임재와 지혜, 인도하심을 구하며 부르짖어 기도하기 시작했다.

사실 우리의 사도행전은 이미 시작된 것이나 다름없었다. 우리가 기도를 시작했기에 하나님께서 이미 일하기 시작하셨고, 하나님나라의 역사가 이미 도래하기 시작했고, 주님의 뜻이 이미 이 땅에 이루어지기 시작한 것이었다.

기도로 옥문을 여는 사역

: 교회는 그를 위하여 간절히 하나님께 기도하더라(행 12:5)

기도의 위력

이렇게 되어서, 베드로가 감옥에 갇히고,

교회는 그를 위하여

하나님께 간절히 기도하였다. 행 12:5

이런 사실을 깨닫고서, 베드로는,

마가라고도 하는 요한의 어머니

마리아의 집으로 갔다.

거기에는 많은 사람이 모여서

기도하고 있었다. 행 12:12

초대 교회는 절체절명의 위기에 놓여있었다. 요한의 형제인 야고보는 이미 순교했고, 사도 베드로 역시 감옥에 갇힌 상태로 그를 공개 재판하여 처형하기로 한 날 하루 전까지 아무런 기적도 일어나지 않았다.

그러나 모든 소망이 사라진 순간에도 교회는 베드로를 위해 하나님께 간절히 기도했다. 희망이 사라졌다고 여겨지는 암흑 같은 상황에도 하늘은 여전히 열려있었기 때문이다.

예수께서 제자들에게, 늘 기도하고
낙심하지 말아야 한다는 뜻으로
비유를 하나 말씀하셨다. 눅 18:1

그렇다. 늘 기도하고 낙심하지 말아야 한다.

아무것도 염려하지 말고,
모든 일을 오직 기도와 간구로 하고,
여러분이 바라는 것을
감사하는 마음으로 하나님께 아뢰십시오.
그리하면 사람의 헤아림을 뛰어넘는

하나님의 평화가 여러분의 마음과 생각을

그리스도 예수 안에서 지켜줄 것입니다. 빌 4:6,7

엄청난 위로와 격려의 말씀이다. 어떤 일에도 우리는 기도할 수 있다. 아무것도 염려하지 않고, 오직 모든 일에 기도와 간구를 드릴 수 있다. 하나님께 아뢰는 기도에 예외란 존재하지 않는다. 그저 하나님께 우리의 사정을 아뢰기만 하면 된다. 그러는 순간, 그 문제와 관련한 모든 사안의 결과와 책임은 우리 손에서 떠나게 된다. 주님께서 들으셨기에 그분이 돌보실 것이기 때문이다.

여러분의 걱정을 모두 하나님께 맡기십시오.

하나님께서는 여러분을 돌보고 계십니다. 벧전 5:7

기도는 하나님 앞에 우리의 마음을 쏟아놓는 것이다. 무너진 마음, 기대에 부푼 마음, 깨지고 부서져 버린 마음을 그분 앞에 쏟아놓아라. 그러면 하나님께서 우리의 짐을 '날마다' 대신 짊어지시는 것을 경험하게 된다. 상황과 여건은 바뀐 게 없지만, 형용할 수 없는 하나님의 위로와 평화가 우리에게 임한다.

마르투스 : 증인

하나님만이 우리의 피난처이시니,

백성아, 언제든지 그만을 의지하고,

그에게 너희의 속마음을 털어놓아라. (셀라) 시 62:8

날마다 우리의 주님을 찬송하여라.

하나님께서 우리의 짐을 대신 짊어지신다.

하나님은 우리의 구원이시다. (셀라) 시 68:19

초대 교회 성도들은 베드로의 처형 전날 밤까지 함께 모여 계속해서 하나님께 기도했다. 낙심하거나 중도에 포기하지 않고 끝까지 기도했다.

사도행전 4장에서 신도들이 합심하여 기도했을 때 지진이 나고 그곳에 모인 모든 자가 성령으로 충만케 되어 담대히 하나님의 말씀을 전하는 역사가 있었다(행 4:31). 여기 12장에서도 많은 성도의 합심 기도를 통해 베드로가 감옥에서 기적적으로 풀려나는 역사가 일어난다.

그리고 16장, 바울과 실라가 빌립보에서 감옥에 갇혀 쇠사슬에 묶였을 때, 그들이 한밤중에 기도하고 하나님을 찬양하자 갑자기 큰 지진이 일어나 옥 터가 흔들리며 옥문이 열리고 모든 죄수의 매인 것이 풀리는 역사가 나타났다.

이처럼 기도는 세상을 뒤흔드는 위대한 일이다. 우리의 기도가 하나님 뜻에 합할 때, 그 영적인 에너지가 세상을 진동케 하여 묶인 것들이 풀어지고 사람들을 죄의 멍에로부터 자유케 하는 역사가 일어날 것이다.

우리가 하나님에 대하여

가지는 담대함은 이것이니,

곧 무엇이든지 우리가

하나님의 뜻을 따라 구하면,

하나님은 우리의 청을

들어주신다는 것입니다.

우리가 무엇을 구하든지

하나님이 우리의 청을

들어주신다는 것을 알면,

우리가 하나님께 구한 것들은

우리가 받는다는 것도 압니다. 요일 5:14,15

우리들의
사도행전

13

내가 너의 손을 붙들어 주고,
너를 지켜주어서,
너를 백성의 언약과
이방의 빛이 되게 할 것이니

사 42:6

미션 에티오피아

화해와 회복, 복음 전파의 꿈

2013년 7월, 우리 다섯 식구는 처음 에티오피아 땅을 밟았다. 첫째가 아홉 살, 둘째가 여덟 살, 막내가 네 살이었다. 그로부터 지난 십 년간, 하나님께서는 에티오피아를 향한 그분의 마음을 우리 가슴에 조금씩 부어주셨고, 이 땅에 사는 그분의 백성을 향한 사랑을 가르쳐주셨다.

이번 장에서는 하나님이 심어주신 에티오피아를 향한 꿈, '미션 에티오피아'를 나누고자 한다.

이슬람 국가에 둘러싸인 섬 아닌 섬나라

에티오피아는 아프리카 대륙 북동쪽 '아프리카의 뿔'로 불리는 지역의 중심부에 위치한다. 바다가 없는 내륙 국가이며 여섯 나라와 접경하고 있다. 그중 수단, 에리트레아, 지부티, 소말리아는 기독교 핍박 국가 순위 중 늘 상위권을 차지하는 강성 이슬람 국가다. 남수단공화국은 2011년에 수단에서 핍박받던 기독교인들이 독립하여 세운 나라지만, 2013년부터 종족 간 내전이 해결되지 않고 있다.

에티오피아는 인구가 약 1억2,700만 명(World Population Prospects 2022)으로 아프리카 국가 중 2위로 많고, 영토는 대한민국의 약 열한 배 크기의 대국이며, 개신교가 약 18.6퍼센트로 추산된다(에티오피아 정교: 약 43퍼센트, 이슬람교: 약 34퍼센트).

에티오피아는 여전히 세계 최빈국으로 여러 국제기구 및 국제 NGO가 가장 활발하게 활동하는 나라 중 하나다. 남수단공화국, 소말리아, 에리트레아 등지로부터 수백만 명의 난민이 유입된 상태며, 최근 종족 간 갈등이 고조되고 내전으로 이어지면서 국내 실향민의 수가 백만 명을 훌쩍 넘어서고 있다.

그럼에도 역사와 자부심이 있는 나라 에티오피아에 교회들이 힘있게 성장하고 있어서 하나님께 감사드린다. 다만 양적 성장을 이룬 것에 비해 기복주의적 신앙이 주류를 이루고, 대형 교회가 생기기 시작하면서 교회의 세속화마저 우려되어 기도가 필요한 상황이다.

나는 이천만 성도가 있는 에티오피아와 에티오피아인이 아니면 입국조차 하기 어려운 접경국들(접경지대에 사는 에티오피아인들은 이웃 국가와 같은 종족인 경우가 많고 문화

마르투스 : 증인

적으로도 같거나 매우 가깝다)을 보면서, 하나님께서 에티오피아 교회의 형제자매들을 동북아프리카 국가와 더 나아가 북아프리카 및 중동 지역까지 보내길 원하신다고 믿는다.

특히 이 가난한 나라의 성도들이 은금을 의지하지 않고 예수 이름의 능력을 드러내는 선교적 공동체를 세워서 아프리카의 뿔 지역과 열방 곳곳으로 퍼져나가기를 꿈꾼다. 그리하여 에티오피아 남쪽에 있는 케냐, 우간다 등과 가나, 나이지리아 등 서아프리카 국가의 교회들이 글로벌 선교의 리더십으로 함께 일어서길 소망한다.

무너진 관계를 이어주는 에티오피아 교회

이 모든 것은 하나님에게서 났습니다.
하나님께서는 그리스도를 내세우셔서,
우리를 자기와 화해하게 하시고,
또 우리에게 화해의 직분을 맡겨주셨습니다.
곧 하나님께서 사람들의 죄과를 따지지 않으시고,
화해의 말씀을 우리에게 맡겨주심으로써,

세상을 그리스도 안에서

자기와 화해하게 하신 것입니다. 고후 5:18,19

첫 책에도 언급했듯이 에티오피아의 민족 간 갈등과 반목은 심각한 수준이다. 오랫동안 나라의 지배층이던 북쪽 지방의 티그라이와 암하라 민족은 일찍부터 제국을 만들었고, 에티오피아 정교회를 종교적 기반으로 하여 기원전부터 나라를 다스렸다.

에티오피아 북쪽은 대부분 산악 지역으로 농경 사회를 이루기 어렵기에 그 지역 민족은 오래전부터 정복 전쟁과 무역을 해왔다. 반면에 남쪽 지역을 기반으로 하는 오로모 민족은 비교적 비옥한 토양을 가지고 있어서 일찍부터 농경 사회를 이루었다. 이들은 국가를 형성하기보다 공동체 문화를 이루어 평화와 조화를 중시하는 사회를 구성했다.

그러다 보니, 척박한 지형의 북쪽 민족이 기름진 토양을 가진 남쪽 민족을 정복하는 과정에서 심한 탄압과 불평등이 지속되었다. 게다가 이런 정복 과정이 정교회의 이름으로 자행되었기에 약 백오십 년 전, 에티오피아의 최대 인구를 차지하는 오로모 민족이 무슬림으로 개종하게 되었다.

현재 에티오피아의 지도자는 이 오로모 민족 출신으로,

마르투스 : 증인

최근에 발생했던 내전은 바로 이 오로모 민족의 국가 정부
군과 북쪽 지역의 티그라이 민족 사이의 내전이었다.

하나님의 선교는 하나님과 깨어진 세상 사이의 관계를
회복하는 일이다. 이 일은 하나님과 관계가 회복된 자들
로 구성된 교회 공동체가 하나님을 힘입어 모든 깨어진 관
계를 이어주는 다리 역할을 함으로써 실현된다.

그러므로 에티오피아 교회들이 그리스도의 사랑과 포
용으로 종족 간 모든 불화와 증오의 역사를 뛰어넘어 화
해 운동을 일으키는 것이 '미션 에티오피아'의 또 하나의
중요한 축이다. 이 일을 위해 초교파적 화해 운동과 전국
적 중보기도의 물결이 일기를, 그리하여 국가 차원의 치유
와 관계 회복을 이루길 소망한다.

선교와 예배

: 내가 불러 시키는 일을 위하여 바나바와 사울을 따로 세우라 (행 13:2)

전부를 드리는 예배

그들이 주님께 예배하며

금식하고 있을 때에,

성령이 그들에게 말씀하셨다.

"너희는 나를 위해서

바나바와 사울을 따로 세워라.

내가 그들에게 맡기려 하는 일이 있다."

그래서 그들은 금식하고 기도한 뒤에,

두 사람에게 안수를 하여 떠나보냈다. 행 13:2,3

안디옥 교회가 예배에 헌신하며 주님을 깊이 섬기고 있었

마르투스 : 증인

을 때, 성령 하나님께서 교회의 리더였던 바나바와 사울(사도 바울)을 지목하여 '열방을 향한 선교 사역'에 부르셨다.

선교학의 교과서로 손꼽히는 책《기독교 선교의 이해》(스캇 선퀴스트 저) 중 일부 내용을 인용한다.

그리스도의 몸인 교회는 그 존재함에 두 가지 기본적인 목적이 있다. 예배와 증언이다. 그 외에 모든 다른 기능들은 이 두 목적을 가리키고 있으며, 이 목적을 이루는 일에 일조해야만 한다. … 예배가 없는 증언은 인간의 헛된 조작이다. 증언이 없는 예배는 거짓이다. 이것은 마치 우리가 진정으로 하나님을 경배하면서 그분의 분명한 최후의 명령에는 불순종하는 것과 같다.

삼위일체 하나님을 향한 진정한 사랑과 예배는 모든 피조물을 통해서 하나님을 영화롭게 하고자 하는 열망으로 우리를 이끈다. 그것은 자연스럽게 하나님 아버지의 뜻인 '열방을 향한 외침과 나아감'으로 이어질 수밖에 없다. 이 좋은 하나님의 사랑과 자비를 어떻게 우리만 누릴 수 있단 말인가!

주님을 향한 우리의 사랑과 헌신이 깊어지고 하나님의

마음에 가까이 다가갈수록 그분이 마땅히 받으셔야 할 영광에 관심을 두게 된다. 그것은 주님이 세상 모든 민족에게 예배를 받으시는 것이다.

그 뒤에 내가 보니,

아무도 그 수를 셀 수 없을 만큼

큰 무리가 있었습니다.

그들은 모든 민족과 종족과 백성과

언어에서 나온 사람들인데,

흰 두루마기를 입고,

종려나무 가지를 손에 들고,

보좌 앞과 어린 양 앞에 서있었습니다.

그들은 큰 소리로,

"구원은 보좌에 앉아계신

우리 하나님과 어린 양의 것입니다"

하고 외쳤습니다. 계 7:9,10

예배는 나에게 가장 귀한 것을 드리는 일이다. 성경에서 '예배'라는 단어가 맨 처음 나오는 대목은 창세기 22장이다.

하나님이 말씀하셨다.

"너의 아들, 네가 사랑하는 외아들

이삭을 데리고 모리아 땅으로 가거라.

내가 너에게 일러주는 산에서

그를 번제물로 바쳐라."

아브라함이 다음 날 아침에 일찍이 일어나서,

나귀의 등에 안장을 얹었다.

그는 두 종과 아들 이삭에게도

길을 떠날 준비를 시켰다.

번제에 쓸 장작을 다 쪼개어 가지고서,

그는 하나님이 그에게 말씀하신

그곳으로 길을 떠났다.

사흘 만에 아브라함은 고개를 들어서,

멀리 그곳을 바라볼 수 있었다.

그는 자기 종들에게 말하였다.

"내가 이 아이와 저리로 가서,

예배를 드리고 너희에게로 함께 돌아올 터이니,

그동안 너희는 나귀와 함께

여기에서 기다리고 있거라." 창 22:2-5

2절에서 하나님께서는 이삭을 가리켜 "너의 아들, 네가 사랑하는 외아들"이라고 표현하셨다. 마치 이렇게 말씀하신 것처럼 느껴진다.

'아브라함아, 이삭이 네게 얼마나 소중한 아들인지, 어떻게 얻은 외아들인지 내가 잘 알고 있단다. 그 귀한 아들을 내게 줄 수 있겠니?'

지난 세월 동안 하나님을 경험해온 아브라함은 지체하거나 주저함 없이 다음 날 아침 일찍 일어나 길을 떠났다. 즉각적인 순종이었다.

5절에 드디어 처음으로 "예배"라는 단어가 등장한다. 이때 아브라함의 말에 주목할 필요가 있다. 그는 종들에게 '아들과 함께 가서 하나님께 예배를 드리고 함께 돌아오겠다'라고 말한다. 분명히 아들 이삭을 번제물로 드리기로 했는데, 그 아들과 함께 돌아오겠다고 한 것이다. 히브리서 기자는 이런 아브라함의 예배를 믿음의 행위이자 부활 신앙의 고백이었다고 해석한다.

아브라함은 시험을 받을 때에,

믿음으로 이삭을 바쳤습니다.

더구나 약속을 받은 그가 그의 외아들을

기꺼이 바치려 했던 것입니다.

일찍이 하나님께서 아브라함에게 말씀하시기를

"이삭에게서 네 자손이라 불릴

자손들이 태어날 것이다" 하셨습니다.

하나님께서는 이삭을 죽은 사람들 가운데서도

되살리실 수 있다고 아브라함은 생각했던 것입니다.

그러므로 비유하자면, 아브라함은 이삭을

죽은 사람들 가운데서 되받은 것입니다. 히 11:17-19

이처럼 예배란 자원하는 마음으로 전심을 담아 내게 가장 소중한 것, 곧 나 자신을 기쁘게 드리는 일이다.

위에서 그리스도께서

"주님은 제사와 예물과 번제와 속죄제를

원하지도 기뻐하지도 않으셨습니다"

하고 말씀하셨습니다.

이런 것들은 율법을 따라 드리는 것들입니다.

그다음에 말씀하시기를

"보십시오, 나는 주님의 뜻을 행하러 왔습니다"

하셨습니다. 그리스도께서는

두 번째 것을 세우시려고,

첫 번째 것을 폐하셨습니다.

이 뜻을 따라 예수 그리스도께서

자기 몸을 단번에 드리심으로써

우리는 거룩하게 되었습니다. 히 10:8-10

예수님이 이 땅에서 행하신 모든 사역과 십자가 죽으심은 자신의 전부를 드린 예배였다. 하나님 아버지를 향한 그분의 사랑이 전적이고 자발적인 순종으로 표현된 인류 역사상 가장 위대한 예배였다.

우리들의
사도행전

14

그대가 많은 증인을 통하여
나에게서 들은 것을
믿음직한 사람들에게 전수하십시오

딤후 2:2

내게 구하라 네 소유가 땅끝까지 이르리로다

선교사 양성 학교

2021년 9월부터 에티오피아 목사님과 사역자를 해외 선교사로 양성해온 학교가 있다. 그 학교에서 내게 이 주간, 월요일부터 금요일까지 하루 네 시간씩 사도행전 강의를 의뢰했다.

하나님께서는 이 기간 내내 나를 사도행전에 푹 빠져 지내게 하셨다(이 책에 담긴 묵상은 대부분 이때 이뤄진 것이다). 에티오피아 사역자들과 함께 기도하고 말씀을 읽는 시간은 행복 그 자체였다. 나는 정말이지, 사람들과 말씀을 나누는 시간이 가장 큰 감사와 기쁨임을 고백하지 않을 수 없다.

선교사 양성 학교 강의 중 학생들과 기도하는 사진, 2023년 3월

미션 에티오피아 집회 현장, 2023년 4월

집회 후 기도 시간

첫 미션 에티오피아 집회

화창한 토요일, 그 어느 때보다 행복한 날이었다. 여러 선교사님 가족과 연합해서 준비한 첫 선교 동원 청년 성령 집회 '미션 에티오피아'가 열리는 날이었다.

약 팔십 명 정도 왔을까? 그리 많은 수는 아니었지만, 그 자리에 모인 청년들은 눈물로 예배했다. 공식 일정을 마친 후에도 청년 삼십여 명이 남아서 끝까지 함께 기도했다. 우리는 한 명 한 명을 안아주며 하나님 아버지의 마음이 부어지길 축복해주었다.

이원철 선교사님, 그리고 세 번째 선교 여행

2022년 초, 케냐에서 사역하시던 이원철 선교사님이 에티오피아에 오셨다. 1997년 케냐에 오신 선교사님은 2004년부터 케냐와 에티오피아 국경에 위치한 모얄레 지역에서 사역하셨다.

한번은 선교사님이 케냐 북부와 에티오피아 남부를 아우르는 지역의 극심한 가뭄으로 어려움을 겪는 무슬림에게 식량을 공급해주는 사역을 기획하셨다. 그러나 사역자들이 거액의 현금을 소지하고 식량을 구매하러 가던 중 현지 경찰에게 불시 검문을 받았고, '일정 금액 이상의 현금을 소지할 수 없다'라는 정체불명의 법률 위반으로 붙잡히고 말았다. 다행히 일주일 뒤에 풀려났지만, 돈을 전부 빼앗긴 채 빈손으로 나와야 했다.

이 선교사님은 성도들의 피 같은 헌금으로 모인 돈이 압수된 게 너무 안타까워서 에티오피아 수상의 집무실에 직접 방문해 선처를 호소하고자 무작정 에티오피아로 오셨다. 그리고 지인도 인맥도 없는 어느 지역의 허름한 호텔에 일주일간 묵으며 계속 기도하셨다. 그러던 중 케냐의 다른 선교사님이 그 사실을 알게 되어 내게 연락을 주셨고, 우리 가족은 이 선교사님과 만나게 되었다.

처음 연락을 받고 사정을 들었을 때는 '이렇게 대책 없이 오신 게 황당하긴 하지만, 믿음이 참 깊으신 분이구나' 하고 생각했다. 그런데 식사 교제 가운데 선교사님이 그간 하나님께서 자신을 인도하신 여정을 '증언'하시는데, 듣는 내내 감동이 밀려와 눈물이 멈추질 않았다.

'하나님께서 이렇게 귀히 쓰시는 분을 만나게 해주셔서 감사합니다!'

나는 그 만남이 너무도 뜻깊은 나머지 황급히 동료 선교사님들을 불러 모아 이 선교사님의 생생한 간증을 듣는 작은 집회를 열기도 했다.

이후 선교사님은 수상의 집무실을 방문하려 갖가지 노력을 하셨다. 그러나 민원은 인터넷 접수만 가능하며 방문 면담은 불가하다는 싸늘한 답변이 돌아왔고, 결국 사정을 절절히 적어 내려간 항의 서한만 보낸 후 귀국하셨다.

나는 그 뒤로도 선교사님과 메시지를 주고받으며 교제했다. 하루는 선교사님이 2023년 2월에 열리는 '케냐 선교사 연합 기도회'에서 말씀을 전해달라고 하셨다. 나는 케냐 나뉴키 지역에서 열린 기도회에 참석하여 말씀을 전한 후 선교사님과 교제하다가 에티오피아로 돌아왔다.

이 선교사님은 내가 감히 흉내 낼 수 없을 정도로 귀한 주님의 종이었다. 그럼에도 부족한 나를 늘 격려하고 응원해주셨다. 얼마 뒤에는 본인을 지속적으로 중보하고 후원하는 미국 교회들을 내게 연결해주셔서 감사하게도 2023년 여름, 나는 캐나다 토론토와 북미 지역의 여섯 교회를 방문하는 세 번째 선교 여행을 떠나게 되었다.

다음은 우리 가정의 중보자들에게 보냈던 기도 편지의 일부다.

故 이원철 선교사님을 추모하며(2023년 8월 3일)

죄를 짓고 매를 맞으면서 참으면,

그것이 무슨 자랑이 되겠습니까?

그러나 선을 행하다가

고난을 당하면서 참으면,

그것은 하나님께서 보시기에

아름다운 일입니다.

바로 이것을 위하여

여러분은 부르심을 받았습니다.

그리스도께서는 여러분을 위하여

고난을 당하심으로써 여러분이

자기의 발자취를 따르게 하시려고

여러분에게 본을 남겨놓으셨습니다

(leaving you an example, so that

you might follow in his steps, ESV). 벧전 2:20,21

아디스 아바바에서 주님의 은혜를 담아 문안드립니다.

한국, 캐나다, 미국을 방문하는 약 육 주간의 여정을 마치고 24일 밤에 잘 귀국했습니다. 로스앤젤레스 일정을 마치고 샌프란시스코 근교에서 지내던 때, 케냐 모얄레 지역에서 사역하시던 이원철 선교사님의 소천 소식을 접하게 되었습니다.

선교사님은 제가 많이 사모하고 존경하던 분이었습니다. 작년에 한 번과 올해 2월에 한 번, 총 두 번 뵌 것이 전부지만, 선교사님의 삶과 사역과 진실한 고백을 통해 하나님의 역사하심과 하나님을 사랑하는 종의 삶을 보고 배울 수 있었습니다.

특히 이번 북미 지역 집회가 선교사님이 친히 연결해주신 교회들을 방문하는 일정이었기에 갑작스러운 선교사님의 소천 소식이 더더욱 큰 슬픔과 놀라움을 안겨주었습니다. 하지만 선교사님의 장례 과정을 통해 하나님의 사람의 영광스럽고 아름다운 마무리를 보게 되었고, 예수님의 발자취를 따라가는 사람의 본을 보이셨음을 깊이 깨달았습니다.

또한 이 세대에서 정말 보기 드문, 하늘 시민권에 소망을 두고 살아가는 사람을 그리워하는 마음, 곧 하나님 뜻에 순종하는 사람을 목말라하는 마음을 깨닫게 되었습니다(빌 3:20).

주님 품에 안겨계실 선교사님을 생각하며 감히 선교사님이 걸어가신 그 길, 예수님을 본받아 그분의 발자취를 따라가신 그 길을 아직은 턱없이 부족한 제 삶을 통해 따라가겠노라고 고백하고 싶습니다.

예수님의 사랑에 감격해서 세상 가치와 안락함을 버리고 주님만 따라가신 그 길, 선을 행하며 고난을 감내하신 그 길, 삶 전부를 드려 걸어가신 그 길을 저도 따르겠습니다.

형제자매 여러분, 다 함께 나를 본받으십시오.
여러분이 우리를 본보기로 삼은 것과 같이,
우리를 본받아서 사는 사람들을
눈여겨보십시오. 빌 3:17

그리고 여러분은 나에게서 배운 것과
받은 것과 듣고 본 것들을 실천하십시오.
그리하면 평화의 하나님께서
여러분과 함께하실 것입니다. 빌 4:9

마르투스 : 증인

고 이원철 선교사님은 2023년 여름, 하나님의 부름을 받으셨다. 그 분을 이 땅에서 더는 뵐 수 없는 것이 큰 슬픔이지만, 남은 자들에게 증인이자 순교자로 사셨던 삶의 발자취를 따르는 사명을 주심에 감사드린다.

'선교사님, 잠시 후에 뵐게요. 사랑합니다!'

선교사님의 소천 소식은 우리의 사역을 재정비하는 계기를 가져다주었다. 나는 하나님의 부르심을 보다 분명하고 명확하게 따라가기 위해 동역자들과 모임을 만들기 시작했다.

돌들로 가득 찬 세상을 꿈꾸다

: 신들이 사람의 형상으로 우리 가운데 내려오셨다(행 14:11)

신의 성품에 참예한 자가 되다

루스드라에 발을 쓰지 못하는
지체장애인 한 사람이 앉아있었다.
그는 나면서부터 못 걷는 사람이 되어서,
걸어본 적이 없었다. 이 사람이
바울이 말하는 것을 들었다.
바울은 그를 똑바로 바라보고,
고침을 받을 만한 믿음이
그에게 있는 것을 알고는, 큰 소리로
"그대의 발로 똑바로 일어서시오" 하고 말하였다.
그러자 그는 벌떡 일어나서, 걷기 시작하였다.

마르투스 : 증인

무리가 바울이 행한 일을 보고서,

루가오니아 말로 "신들이 사람의 모습으로

우리에게 내려왔다" 하고 소리 질렀다. 행 14:8-11

복음은 한 사람의 숙명을 바꿀 수 있다. 복음은 한 민족, 한 나라 그리고 온 세상의 운명을 뒤흔드는 하나님의 해법이다. 루스드라에 나면서부터 못 걷던 사람이 있었다. 그는 바울이 전하는 복음을 들었다.

그러므로 믿음은 들음에서 생기고,

들음은 그리스도를 전하는

말씀에서 비롯됩니다. 롬 10:17

바울은 그에게 믿음이 있는 것을 보고는 큰 소리로 일으켜 세웠다. 그러자 그가 벌떡 일어나 걷기 시작했다. 사람들은 이 기적 같은 일을 보고 너무 놀라서 바울과 바나바를 신으로 착각했고, 신들이 사람의 모습으로 자기들에게 왔다고 소리쳤다.

물론 틀린 말이었지만, 한편으론 진리를 담은 말이기도 했다. 예수 그리스도를 믿고 성령 하나님으로 충만케 된 사람은 예수님이 하셨던 일보다 더 큰 일을 할 것이며, 그리스도의 성품에 참예하게 되기 때문이다.

내가 진정으로 진정으로 너희에게 말한다.

나를 믿는 사람은 내가 하는 일을 그도 할 것이요,

그보다 더 큰 일도 할 것이다.

그것은 내가 아버지께로 가기 때문이다. 요 14:12

하나님께서는, 우리가 그를 앎으로 말미암아

생명과 경건에 이르게 하는 모든 것을,

그의 권능으로 우리에게 주셨습니다.

하나님은 우리를 부르셔서

그의 영광과 덕을 누리게 해주신 분이십니다.

그는 이 영광과 덕으로 귀중하고

아주 위대한 약속들을 우리에게 주셨습니다.

그것은 이 약속들로 말미암아

여러분이 세상에서 정욕 때문에

부패하는 사람이 되는 것이 아니라,

하나님의 성품에 참여하는 사람이

되게 하시려는 것입니다. 벧후 1:3,4

마르투스 : 증인

돌들로 가득한 세상

이 왕들의 시대에,

하늘의 하나님이 한 나라를 세우실 터인데,

그 나라는 영원히 망하지 않을 것이며,

다른 백성에게 넘어가지 않을 것입니다.

그 나라가 도리어 다른 모든 나라를

쳐서 멸망시키고, 영원히 설 것입니다.

아무도 돌을 떠내지 않았는데,

돌 하나가 난데없이 날아들어 와서

쇠와 놋쇠와 진흙과 은과 금을 으깨는 것을

임금님이 보신 것은, 위대하신 하나님이

앞으로 일어날 일을 임금님께 알려주신 것입니다.

이 꿈은 그대로 이루어질 것이고,

이 해몽도 틀림없습니다. 단 2:44,45

당대 최강대국이던 바벨론 제국의 최고 지도자 느부갓
네살 왕이 꾼 꿈을 아무도 해석하지 못하고 있을 때였다.
유다 포로로 끌려온 소년 다니엘이 왕 앞에 나아가 하나
님께서 알려주신 꿈의 내용과 그 비밀을 해몽했다.

느부갓네살 왕은 꿈에서 거대한 신상을 보았다. 이는 각 시대의 제국들을 상징하는 것으로 영원할 것 같은 강력한 권력과 화려함을 자랑했던 바벨론, 페르시아, 그리스, 로마 제국 등을 가리킨다.

그러나 하나님께서는 이런 세국의 시대에 한 나라를 세우겠다고 말씀하시며, 그 나라가 망하지 않고 점점 더 강해져 온 세상을 가득 채울 거라고 선포하셨다. 이는 하나님나라이며 그 나라의 왕은 예수님이시다.

이때 사람의 손으로 떠내지 않은 돌 하나(사람의 손으로 아니하고 산에서 뜨인 돌, 개역한글)가 난데없이 날아와 놋쇠, 진흙, 은, 금 등의 거대한 신상을 깨부수고 그 흔적조차 없게 만들었다. 이 돌은 바로 '예수 그리스도'를 상징한다. 세상의 모든 부강한 나라들이 남김없이 예수 그리스도 앞에 굴복할 것이며, 세상은 그리스도와 하나님나라가 될 거라고 말씀하신 것이다.

일곱째 천사가 나팔을 불었습니다.
그때에 하늘에서 큰 소리가 났습니다.
"세상 나라는 우리 주님의 것이 되고,
그리스도의 것이 되었다.

마르투스 : 증인

더 놀라운 건, 신상을 친 그 돌이 큰 산이 되어 온 세상에 가득 찼다는 것이다(단 2:35). 이는 예수 그리스도의 기쁜 소식을 전하는 증인들에 의해 한 사람 한 사람이 주님을 만나고 변하여 그분의 성품과 능력을 소유한 '그리스도인'(예수님을 닮은 사람)이 되고, 그런 사람들(돌들)로 온 세상이 가득해지는 것을 말한다.

주님께 나아오십시오.
그는 사람에게는 버림을 받으셨으나,
하나님께는 택하심을 받은
살아있는 귀한 돌입니다.
살아있는 돌과 같은 존재로서
여러분도 집 짓는 데 사용되어
신령한 집이 됩니다. 그래서 여러분은
예수 그리스도로 말미암아
하나님께서 기쁘게 받으실
신령한 제사를 드리는
거룩한 제사장이 되십시오. 벧전 2:4,5

그렇다. 우리는 모두 예수님과 같은 반석이 되어 하나님께서 거하실 성전으로 지어져 간다. 이러한 돌들로 가득한 세상이 하나님의 꿈, 곧 우리들의 꿈이다.

하나님나라에 들어가려면

그런데 유대 사람들이
안디옥과 이고니온에서
거기로 몰려와서 군중을 설득하고,
바울을 돌로 쳤다.
그들은 바울이 죽은 줄 알고,
그를 성 밖으로 끌어냈다.
그러나 제자들이 바울을 둘러섰을 때에,
그는 일어나서 성안으로 들어갔다.
이튿날 그는 바나바와 함께
더베로 떠났다. 행 14:19,20

바울은 나면서부터 못 걷는 자가 일어난 기적 직후에 복음을 선포했다. 그러나 구원과 회심의 열매 대신 돌에 맞아 죽을 뻔한 핍박이 돌아왔다. 그럼에도 바울과 바나바는 모진 수모를 감내하고 계속해서 복음 사역을 이어갔다. 오히려 제자들을 힘있게 격려하고 권면했다.

그들은 제자들의 마음을 굳세게 해주고,

믿음을 지키라고 권하였다.

그리고 또 이렇게 말하였다.

"우리가 하나님나라에 들어가려면,

반드시 많은 환난을 겪어야 합니다." 행 14:22

함께 걷기 _김희연 선교사

선교는 동행이다

안식년을 마치고 에티오피아로 돌아오면서, 내가 학교에서 다시 일하게 되어 온 가족이 비자와 거주증을 받을 수 있었다. 그러나 선교사 자녀 국제학교라서 교사 월급이 따로 없고, 각자 후원처를 찾아 '펀드레이징'을 해야 하는 구조였다.

우리 부부는 순진하고도 교만한 생각을 했다. 남편의 이력이면 에티오피아에서 직장을 얼마든지 구할 수 있을 것 같았고, 때마침 남편에게 딱 맞는, 그 외엔 적임자가 없을 거라 생각되는 자리의 구인 공고가 났다. 앞서 언급했듯이, 큰 집을 얻으면서 집값은 어떻게든 해결될 거라는 계산의 근거도 그 직장이었다. 온통 '내가 벌어서', '내 능력으로' 주의 일을 하겠다는 생각이 가득했던 것이다.

그러나 남편은 그 자리에 가질 못했고, 우리 부부는 앞으로의 재정과 생활비를 어찌 감당할지 막막했다. 여전히 삶의 주체가 '나'에 머물러 있을 즈음, 실망감에 휩싸인 우리에게 박보영 목사님이 말씀하셨다.

"김태훈 선교사는 참 바보구나. 하나님이 더 크고 좋은 것을 예비해두셨는데, 왜 그것을 보지 못할까요? 나중에 분명히 더 좋은 것을 주신 하나님께 감사하고 찬양하게 될 거예요. 전혀 실망할 일이 아니에요."

그 말씀을 소화하기까지 꽤 시간이 걸렸다. 하지만 지금은 이 모든 게 'Pace Mission' 사역을 시작하기 위한 하나님의 준비 과정이었음을 안다. 이 사역은 '나의' 사역도, '내가' 결정한 것도 아닌 온전히 그분의 인도하심이었다.

그렇게 주님은 내가 깨지고 부서져 내 것을 다 비워내고 말라비틀어진 쪽박이 되어서야 진정한 2기 사역을 허락하셨다.

나는 산책을 무척 좋아한다. 지금은 몸이 불편해진 남편과 거의 할 수 없지만, 그와 함께 걷는 것은 참 기분 좋은 일이었다. 남편과 보폭을 맞추고, 속도를 조절하고, 호흡을 같이하다 보면 마음마저 하나가 되는 기분이 들었다. 남편과 나는 성향이 반대여서 사사건건 부딪히지만, 그래도 한 걸음씩 맞춰나가는 인생이 재미나고 감사하다.

선교도 마찬가지라고 생각한다. 내가 어딘가에 가서, 내 제자를 키우고, 내 교회를 개척하고, 나의 활동 영역을 넓히는 것이 아니라 외부자로서 현지인들을 응원하고, 그들의 성장을 돕고 세워주며 뒤에서 격려와 힘을 더해주는 일이 바로 선교다.

부딪히고, 싸우고, 답답해서 힘들 수 있다. 같이 사는 남편과도 그런데, 언어와 문화와 환경이 너무도 다른 이 나라 친구들과 늘 신나기만 할 수는 없다. 그래도 혼자 해버리면 더 잘할 것 같은 일을 수고스러워도 같이 하며, 같이 걸어가야 한다.

예수님의 사역을 봐도 그렇다. 능치 못하실 일이 없는 분께서 온 인류를 한순간에 전도하실 수 있었지만, 굳이 나약한 인간의 모습으로 가장 낮은 자리에 태어나 어린아이로, 소년으로 부모 슬하에서 성장하셨다. 성인이 되고 고작 삼 년을 사역하시면서도 굳이 열두 제자를 양육하는 데 집중하셨다. 심지어 그중 한 명이 자신을 배신할 걸 알

면서도 끝까지 사랑하셨다. 전도의 미련한 방법을 고집하
셨고, 제자들을 기르는 데 몰두하셨으며, 세상 끝날까지
함께할 테니 복음을 들고 떠나라고 명하셨다.

그 핵심은 우리가 대단해서 가는 게 아니라 끝까지 우
리와 '함께하시는' 예수님이 계시다는 거다. 나와 함께해
주시는 예수님처럼, 우리도 에티오피아 형제자매와 손을
맞잡고 보폭을 맞추고 같이 호흡하며, 이 땅에서 허락된
사명의 시간 동안 함께 가보자 다짐한다.

다음은 2023년 9월, 우리 가정의 중보자들에게 보낸 특별 기도 편지다.

특별 기도 편지

주 안에서 사랑하는 중보자 여러분께 아디스 아바바에서 주님의 은혜를 담아 문안드립니다.

지난달에 기도 편지를 보내드린 후 아직 한 달밖에 되지 않았지만, 중요한 사역 변화가 있기에 기도 부탁을 드리기 위해서 특별 기도 편지를 드립니다.

하나님께서는 일 년여 전부터 다른 선교사님 가정과 함께 팀 사역을 하라는 마음을 주셨고, 그 후 저희는 여러 지체들과 함께 지속적으로 기도 모임을 해왔습니다.

또한 하나님께서는 에티오피아의 교회와 지체들을 세워 에티오피아를 둘러싼 주변 나라와 북아프리카 및 중동 지역에 이르는 열방에 복음을 전하는 꿈을 저희에게 심어오셨습니다. 그래서 시작한 사역이 지난 4월에 있었던 선교 동원 청년 성령 집회 '미션 에티오피아'였습니다.

그렇게 하나님께서 저희 마음에 부어주신 비전이 더욱 구체화되어 저희 가정과 또 다른 네 가정이 함께 단체를 만들기로 했습니다. 주된 사역은 에티오피아의 헌신자들을 해외 선교사로 훈련하고, 에티오피아의 교회들과 선교사로 파송하는 일입니다.

이를 통해 궁극적으로, 에티오피아 교회가 자체적으로 선교 훈련 및 파송에 앞장서는 선교적 교회로 일어서는 비전을 품고 있습니다. 그리고 두렵게도, 주님께서 제게 창립 대표의 역할을 감당게 하셨습니다.

단체명과 핵심 가치는 다음과 같습니다.

1. 단체명: PACE Mission

PACE, Partnering Actively with the Counselor of Eternity
보혜사 성령님과 현지 교회 성도들에게 보조를 맞추어 하나님의 선교에 동참하는 의미를 담았습니다.

2. 핵심 성구: 에베소서 2장 22절

그리스도 안에서 하나님께서 거하실 거룩한 처소로 함께 지어져 가는 비전을 품습니다.

그리스도 안에서 여러분도 함께 세워져서
하나님이 성령으로 거하실 처소가 됩니다. 엡 2:22

In him you also are being built together
into a dwelling place for God by the Spirit. ESV

3. 핵심 가치: BRIDGE

B: being built together, 함께 지어져 가기
R: Reconciling, 화해하는 사역을 통해

I: Interceding, 중보(기도) 사역을 토대로

D: Discipling, 제자 삼는 사역을 위해

G: Growing together, 함께 성장하기를 꿈꾸며

E: Equipping, 교회와 성도들을 구비하게 하는 사역을 지향한다.

4. 구체적 실천 지침: ANSWER

Arise Now, Servants and Witnesses as Ecclesia of Revival!

주님의 종과 증인들아, 이제 부흥의 공동체로 일어나라!

자, 일어나서, 발을 딛고 서라.

내가 네게 나타난 목적은, 너를 일꾼으로 삼아서,

네가 나를 본 것과 내가 장차 네게 보여줄 일의

증인이 되게 하려는 것이다.

나는 이 백성과 이방 사람들 가운데서

너를 건져내어, 이방 사람들에게로 보낸다.

이것은 그들의 눈을 열어주어서,

그들이 어둠에서 빛으로 돌아서고,

사탄의 세력에서 하나님께로 돌아오게 하며,

또 그들이 죄사함을 받아서 나에 대한 믿음으로

거룩하게 된 사람들 가운데 들게 하려는 것이다. 행 26:16-18

2023년 9월 9일, 현지 시각 오후 세 시(한국 시각 오후 아홉 시)에 다섯 가정이 모여 창립 예배를 드립니다. 귀한 공동체의 탄생을 축하해주시고 중보기도 해주시면 감사하겠습니다.

현재 기획 중인 사역은 성기적인 선교 동원 청년 성령 집회와 중장기 선교 훈련 과정을 통해 선교사를 양성하고, 이 나라의 교회 및 교단과 협력하여 파송하는 것입니다. 저희 단체의 행보가 성령님과의 동행과 동역이 되도록 기도 부탁드립니다. 감사합니다.

하나님께서 부어주셨던 에티오피아를 향한 꿈이 구체화되어 하나님의 사람들과 새 일을 시작하게 되었다. 에티오피아에 온 지 십일 년째, 열방에 복음을 전하기 위한 첫걸음을 떼게 하신 주님께 감사와 찬양을 올려드린다.

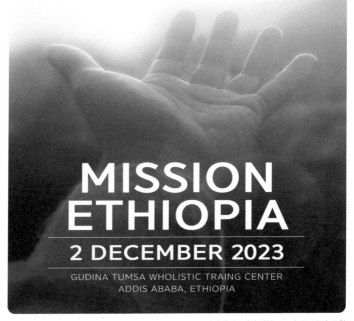

미션 에티오피아 집회 포스터, 2023년 12월

우리들의 사도행전은
계속된다

바울은 자기가 얻은 셋집에서

꼭 두 해 동안 지내면서,

자기를 찾아오는 모든 사람을 맞아들였다.

그는 아무런 방해도 받지 않고,

아주 담대하게 하나님나라를 전하고,

주 예수 그리스도에 관한 일들을 가르쳤다. 행 28:30,31

사도행전 마지막 장의 마지막 두 구절이다. 전혀 끝이라고 여겨지지 않는다. 하나님의 사도행전, 그리고 우리들의 사도행전은 여전히 진행 중이기 때문이다.

우리 가정을 파송한 온누리교회는 'Acts29'의 비전을 품고 있다. 이는 교회가 '사도행전 29장'을 써 내려가는 '사도행전적 공동체'가 되기를 꿈꾸며 선포된 비전이다.

이제 선교지에서 십일 년째를 맞이하는 우리 부부에게 하나님께서 주신 선교적 비전은 다음과 같다.

1. '하나님'의 선교

선교는 하나님께서 계획하고 주도하며 이루시는 하나님의 일이다. 우리는 그 일에 동참하도록 부름 받은 자들이다.

2. '사람'에게 가는 선교

선교는 프로젝트나 건축, 사역 등 주요 요소들이 있지만, 무엇보다 사람을 찾아가 사람을 회복시키고 사람을 세우는 일이다.

3. '몸'으로 하는 선교

하나님께서는 처음부터 선교하는 사람들로 중인 공동체를 만드셔서 선교를 시작하셨다. 그분은 우리가 교회의 머리 되신 그리스도로부터 모든 공급과 인도하심을 받아 함께 기뻐하고, 아파하고, 성장하고, 연결되어 하나님께서 거하실 거룩한 처소로 지어져 가길 원하신다. 또한 우리에게 다양한 은사와 기질을 주셔서 주어진 역량을 그리스도 안에서 발휘함으로써 세상의 모든 영역을 그리스도의 충만함으로 채우게 하신다.

> 하나님께서는 만물을
> 그리스도의 발아래 굴복시키시고,
> 그분을 만물 위에 교회의 머리로 삼으셨습니다.
> 교회는 그리스도의 몸이요, 만물 안에서
> 만물을 충만케 하시는 분의 충만함입니다. 엡 1:22,23

4. '성령'께서 주도하시는 선교

오직 성령이 임하시면 우리가 권능을 받아 그리스도의 증인이 될 거라고 말씀하셨다. 또한 사도행전의 모든 중요한 전환점마다 성령 하나님께서 직접 개입하셨다. 이처럼 문화와 언어 등 모든 면이 익숙지 않은 선교지에서 우리를 진리 가운데로 인도하시는 보혜사 성령님을 의지하지 않고 하나님의 선교에 동참한다는 것은 눈 감고 손으로 더듬으며 길을 가는 것과 다르지 않다.

5. '주님만 바라보며' 물 위를 걸어가는 선교

베드로는 거친 풍랑 한가운데서 주님을 바라보며 물 위를 걸었다. 어느 찬양 가사처럼 주님이 계시면 깊은 바다도 반석이 되고, 주님의 임재 가운데 그 반석 위를 걸어갈 수 있다. 선교 현장이 폭풍우가 몰아치는 망망대해처럼 여겨질수록 주님께만 시선을 고정해야 한다. 베드로처럼 실족하고 물에 빠지더라도 주님께 부르짖으며 회복과 은혜를 경험하는 것이 바로 선교다.

하나님께서는 우리를 휘페레테스(ὑπηρέτης, 종)와 마르투스(증인)로 부르셨다. 나는 그분이 우리에게 행하셨고, 오늘도 행하시는 일들의 극히 일부를 이 책에서 나누었다.

내가 성경에서 가장 사랑하는 책 요한복음의 마지막 구절로 끝맺으려 한다.

예수께서 하신 일은 이 밖에도 많이 있어서,

그것을 낱낱이 기록한다면,

이 세상이라도 그 기록한 책들을

다 담아두기에 부족할 것이라고 생각한다. 요 21:25

마르투스 : 증인

초판 1쇄 발행	2023년 11월 24일
지은이	김태훈
펴낸이	여진구
책임편집	김아진 정아혜
편집	이영주 박소영 최현수 안수경 김도연
책임디자인	노지현 ㅣ 마영애 조은혜 이하은
홍보 · 외서	진효지
마케팅	김상수 강성민
제작	조영석 허병용

마케팅지원 최영배 정나영
경영지원 김혜경 김경희 이지수

303비전성경암송학교 유니게 과정
이슬비전도학교 / 303비전성경암송학교 / 303비전꿈나무장학회

펴낸곳   규장

주소 06770 서울시 서초구 매헌로 16길 20(양재2동) 규장선교센터
전화 02)578-0003 팩스 02)578-7332
이메일 kyujang0691@gmail.com
페이스북 facebook.com/kyujangbook
카카오스토리 story.kakao.com/kyujangbook
등록일 1978.8.14. 제1-22

홈페이지 www.kyujang.com
인스타그램 instagram.com/kyujang_com

ⓒ 저자와의 협약 아래 인지는 생략되었습니다.
이 출판물은 저작권법에 의해 보호를 받는 저작물이므로 무단 전재와 무단 복제를 할 수 없습니다.

책값   뒤표지에 있습니다.
ISBN 979-11-6504-481-7 03230

규 ㅣ 장 ㅣ 수 ㅣ 칙

1. 기도로 기획하고 기도로 제작한다.
2. 오직 그리스도의 성품을 사모하는 독자가 원하고 필요로 하는 책만을 출판한다.
3. 한 활자 한 문장에 온 정성을 쏟는다.
4. 성실과 정화을 생명으로 삼고 일한다.
5. 긍정적이며 적극적인 신앙과 신행일치에의 안내자의 사명을 다한다.
6. 충고와 조언을 항상 감사로 경청한다.
7. 지상목표는 문서선교에 있다.

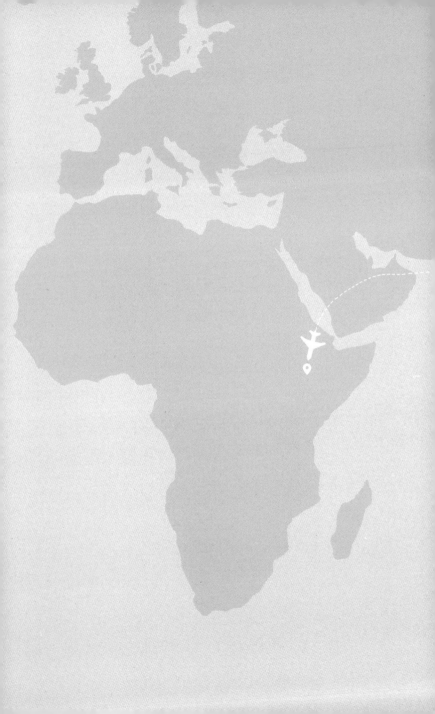